Irmtraud Tarr

Loslassen – die Kunst, die vieles leichter macht

HERDER spektrum

Band 5368

Das Buch

Die Leichtigkeit des Seins entdecken, sich einüben in die wahre Lebenskunst: Loslassen kann eine durchaus stilvolle Angelegenheit sein, wenn wir zur rechten Zeit bemerken, dass es nun sinnvoll ist, eine unerfreuliche Beziehung zu beenden, ein verlustreiches Objekt endlich abzuschreiben, eine Fehlentscheidung zu korrigieren oder auch einfach: Probleme loszulassen, wenn Herumgrübeln nicht weiterhilft. Loslassen entspannt – denn es ist die dem krampfhaften Festhalten entgegengesetzte Haltung. Es führt zu mehr Gelassenheit: denn da wir alle ja nicht „so einfach" loslassen, müssen wir uns entscheiden zwischen dem, was uns wichtig ist und dem, was nicht so wichtig ist. Ein Buch mit vielen Anregungen, überraschenden Hinweisen und Tipps – das dazu einlädt, die neue Leichtigkeit auszuprobieren – Hier und Jetzt.

Die Autorin

Irmtraud Tarr, Dr. phil., ist Psychotherapeutin und Musiktherapeutin in eigener Praxis in Rheinfelden. Sie ist außerdem Konzertorganistin und Autorin mehrerer erfolgreicher Bücher. Bei Herder u.a. : Schutzengel. Boten aus dem Raum der Seele; Vom leichten Glück der einfachen Dinge; Das Leben meint es gut mit dir; Die magische Kraft der Beachtung. Sehen und gesehen werden; Fest wie ein Stein oder sich selbst treu sein; Mit beiden Beinen fest im Himmel. Liebeserklärung an meinen behinderten Bruder.

Irmtraud Tarr

Loslassen – die Kunst, die vieles leichter macht

HERDER

FREIBURG · BASEL · WIEN

Gedruckt auf umweltfreundlichem,
chlorfrei gebleichtem Papier

Originalausgabe

www.herder.de
Herstellung: fgb · freiburger graphische betriebe 2003
www.fgb.de
Umschlaggestaltung und Konzeption:
R·M·E München / Roland Eschlbeck, Liana Tuchel
Umschlagfoto: © zefa
ISBN 3-451-05368-3

Inhalt

Vorwort

Ich wurde nicht gefragt, ob ich loslassen will. Ich wurde dazu gezwungen. Dieses Buch wurde mir im wahrsten Sinn des Wortes entrissen. Auf einer Bahnreise wurde es zur Beute von zwei jungen Männern, die meinen Computer und sämtliche Disketten entrissen. Solche Erschütterungen lassen keine Wahl. Man muss ein neues Lebenskapitel aufschlagen oder sogar ein ganz neues Buch. Ich habe mich für ein neues Buch entschieden. Neu anzufangen, auch wenn es bis in die Knochen schmerzt und jedem Kalkül widerspricht, dazu braucht es einen langen Atem und das, was man auch „Resilienz" oder Frustrationstoleranz nennt. Wie schmerzhaft, aber auch wie stärkend und befreiend Loslassen sein kann, ist vergleichbar mit der Erfahrung einer Gratwanderung. Man hat die Wahl, ob man in den Sümpfen von Wut und Ressentiment versinkt oder ob man auf das Plateau wachsamer Annahme gelangt. Manchmal muss man auch bereit sein, ein zu hoch gestecktes Ziel zu lassen.

Loslassen ist ein Lebensthema. Mit jedem Atemzug müssen wir etwas loslassen, mit jedem Tag müssen wir etwas verabschieden und uns bereit machen für Neues. Die erste Lektion erhalten wir als Kinder, wenn wir laufen lernen und den Mut finden, die Hand der Mutter loszulassen. Nicht nur das Kind, auch die Eltern sind gefragt: „Traue ich es ihm zu? Was mute ich mir selbst zu?" Schon früh merkt man, wenn man loslässt, erlebt man etwas Neues – ein Abenteuer, eine Überraschung, einen Absturz oder eben Neuland. Da man das Neue nicht kennt, können Ängste und Unsicherheiten entstehen. Es ist für jeden schwierig, loszulassen. Doch unser Leben ist ein dauerndes Loslassen, von Menschen, Orten, Gewohnheiten und Zeiten – nichts bleibt für immer.

Nicht nur bei den großen Lebensaufgaben, auch bei den kleinen Alltagsdingen fällt es uns schwer, loszulassen. Überwältigt von einer Unmenge an Angeboten, Möglichkeiten und Aufgaben, überfordert von Terminen, gehetzt von Verpflichtungen, merken wir es doch, dass trotz aller Intensität und Schnelligkeit wir nichts mehr von der Welt bekommen. Gerade da, wo unendlich viel verfügbar und vorstellbar ist, braucht es mehr denn je die Entscheidung zum Loslassen, zur Absage, zum Aufhören, Abbrechen oder Aussteigen, denn der „Run auf die Offerten“ (Gronemeyer) ist nicht zu gewinnen.

Eigentlich ist das widersprüchlich in einer Gesellschaft der Nonstopp-Beschleunigten und Dauer-Mobilisierten, in der die Augenblickszwänge zu schnellen Anfängen und noch schnelleren Enden führen. Unglaublich viel wird angefangen und möglichst schnell wieder fallen gelassen. Dennoch tun sich Menschen in ihrem persönlichen Leben schwer, Altes hinter sich zu lassen und Neues zu wagen. Im Vergleich zum Anfangen, Beharren, Kämpfen, Dranbleiben und Gewinnen haftet dem Loslassen etwas Negatives an. Man wird an Abschiednehmen erinnert, an Aufgeben, Scheitern, Verzicht oder Verlust. Warum sollte Loslassen eine Tugend sein? Haben wir nicht jahrelang versucht, den alten Erziehungsidealen, die uns Ausdauer, Durchhaltekraft und Beharrlichkeit als Schlüssel zu den Toren der Schatzkammer des Erfolges vermittelten, gerecht zu werden? Diese Seite des Lehrplans setzt alles auf die Willenskraft und die Beharrlichkeit. Eine andere Seite ist das Loslassen. Loslassen, das ist kein simpler Reflex auf die Bremse, sondern vielmehr ein Abstandnehmen, Innehalten oder Freiwerden für Neues. Jedes Loslassen ist also ein Aufbruch zu neuen Ufern. Aber dies bedeutet immer auch ein Wagnis und sogar ein doppeltes: das eigene facettenreiche Wechselspiel von Tun und Lassen, von Befreiung und Begrenzung, von Aktivität und Ruhe intakt zu halten und zu verteidigen, obwohl es von außen oft bedrängt und in Frage gestellt wird. Es gilt, Gelassenheit und Vertrauen zu entwickeln zwischen dem Willen zum Festhalten und der Bereitschaft zum Lassen. Gerade in Lebensphasen des Umbruchs und des Wandels liegen im Loslassen bedeutsame Möglichkeiten der Korrektur, der Ablösung alter überholter Muster und destruktiver Vorstellungen. Indem wir Nein zu ihnen sagen, entscheiden wir uns gleichzeitig für ein Ja zu unserer eigenen inneren Wahrheit. Altes muss losgelassen werden, damit Platz für Neues entsteht.

Loslassen kann eine stilvolle Angelegenheit sein, wenn wir rechtzeitig merken, wann es an der Zeit ist, eine unerfreuliche Beziehung zu beenden, einen Schlussstrich unter ein verlustreiches Objekt zu ziehen, eine Fehlentscheidung zu korrigieren oder sich von überfordernden Aufgaben zu lösen. Wir können uns ermutigen und anregen lassen, hinzuschauen, wo wir steckengeblieben sind, wo wir eine Sache abrunden können, wo wir weitergehen müssen und unseren Lebensschritten dadurch eine gute Gestalt verleihen. Die Angst vor dem Loslassen verlieren wir erst, wenn wir im Alltag anfangen, kleine Abschiede umzusetzen und als Chancen für Neues kennen zu lernen. Je mehr es gelingt, sich dem zu öffnen, was ist und was ansteht, desto besser sind wir auch für die großen Lebensabschiede ausgerüstet. Vielleicht erkennen wir am Ende, dass die einzigen Dinge, die wir verloren haben, diejenigen waren, die wir versuchten festzuhalten.

Dieses Buch will zu Fragen und Antworten anregen: Was sind die Vorzüge des Loslassens? Wie weit bin ich davon entfernt? Warum fällt es mir schwer, loszulassen? Wie könnte ich im Alltag lernen, Probleme loszulassen? Wie kann ich statt der Beseitigung äußerer Schwierigkeiten alte Reaktionsmuster umwandeln? Wie kann ich lernen, dass die innere Haltung, mit der man etwas tut, wichtiger ist als das, was man tut? Wie kann ich Ziele verfolgen, ohne mich von ihnen verfolgt zu fühlen? Wann ist Beharrlichkeit eine Tugend, wann schlägt sie in Dummheit um? Was ist der Unterschied zwischen Resignation und Loslassen?

Die Selbsterforschung ist ein Lebensprojekt, das Willen und Einsatz erfordert, genauso wie Loslassen eine Frage individueller Ökonomie ist: loslassen, gelassen den Lauf der Welt betrachten, sich einlassen. Nur wer gelernt hat, loszulassen, kann gelassen werden. Vielleicht ist das heute die Lebenshaltung, mit der jede und jeder sich selbst sein Leben aushandelt – ein Leben lang.

I.

VERSTEHEN UND LOSLASSEN

Ein paar Fragen

■ ■ ■

Wann haben Sie das letzte Mal geweint?
Können Sie sich auf Kompromisse einlassen?
Haben Sie schon einmal gefastet?
Ist es Ihnen wichtig, Recht zu haben?
Fällt es Ihnen schwer, auf Dinge zu verzichten, z. B. Ihr Auto, das Telefon, den Anrufbeantworter, auf Handy, Schokolade oder Wein?
Wenn Sie von Ihrem nächsten Menschen getrennt sind, müssen Sie immer wieder anrufen und sich seiner vergewissern?
Können Sie Ferien verbringen, ohne zu Hause anzurufen?
Können Sie sich Fehler verzeihen?
Beten Sie?
Schenken Sie gern?
Können Sie auch unerwartete Gäste herzlich willkommen heißen?
Haben Sie Angst, Ihr Gesicht zu verlieren, wenn Sie aufgeben?
Wie gehen Sie mit Abschieden um?
Denken Sie, dass es ohne Sie nicht geht?
Können Sie sich verwöhnen und beschenken lassen?
Gibt es eine Ihnen lieb gewordene Gewohnheit, die Sie aufgegeben haben?
Haben Sie eine Abhängigkeit oder Sucht überwunden?
Können Sie Erwartungen zurückschrauben?

Können Sie schweigen?
Können Sie sich einen Tag ohne Tratsch vorstellen?
Können Sie darauf verzichten, Klatsch weiterzuerzählen?
Fällt es Ihnen schwer, Menschen in ihrer Andersartigkeit anzunehmen?
Können Sie jemand anderem zuliebe auf etwas verzichten?
Sind Sie nachtragend?
Können Sie alte Verletzungen oder Kränkungen abstreifen?
Gehen Sie auf die Bedürfnisse anderer ein?
Können Sie anderen das geben, was sie brauchen – und nicht was Sie denken, dass die anderen brauchen?
Können Sie Ihre Bedürfnisse zurückstellen?
Lieben Sie jemanden?
Haben Sie schon einmal geträumt, dass Sie fliegen können?
Können Sie sich einen Tag ohne Kaffee vorstellen?
Haben Sie Angst vor dem Fliegen?
Glauben Sie, dass Gott gütig ist?
Können Sie sich ein Leben ohne Computer vorstellen?
Können Sie Ihren Körper so annehmen, wie er ist?
Können Sie gut einschlafen?
Können Sie Gespräche abschließen oder diskutieren Sie immer weiter, obwohl schon alles gesagt ist?
Bei Einladungen oder Festen: Gehören Sie immer zu den letzten, die gehen?
Müssen Sie alles aufessen, was auf den Teller kommt?
Können Sie zuhören, ohne zu sagen: „Ich auch“?
Werden Sie ungeduldig, wenn Sie anstehen müssen?
Wenn jemand vor Ihnen sehr langsam fährt, werden Sie wütend?
Können Sie zur Tagesordnung übergehen, wenn Sie etwas nicht finden?
Sie wollen jemanden telefonisch erreichen und das Telefon ist ständig besetzt. Wie reagieren Sie?

Was haben diese Fragen in Ihnen ausgelöst? Wie fielen Ihre Antworten aus? Selbst für diejenigen, die eher dazu bereit sind loszulassen, entschlossen, sich freizumachen von Groll und Ungeduld, Verletzungen und Kränkungen zu überwinden, ist Loslassen dennoch keine leichte Sache. Es gibt Beziehungen, Dinge oder Gewohnheiten, von denen man sich nicht ohne weiteres verabschieden kann. Mehr oder weniger persönliche Dinge, an denen man festhält. Und es gibt ein breites Spektrum des Loslassens. Die Intensität unseres Loslassens verändert sich mit dem Grad der Bedeutung und Bewertung, die wir den Menschen, Situationen und Dingen geben. Je nachdem, wie lebenswichtig sie für uns sind, fällt es uns schwerer oder leichter, uns von ihnen zu lösen. Für den einen ist es die unverzichtbare Tasse Kaffee, ohne die das Leben nicht mehr lebenswert wäre, während der andere sich nicht vorstellen kann, einen Abend zu genießen ohne sein Fernsehgerät. Ein anderer will sein ehrgeiziges Ziel der Beförderung um keinen Preis aufgeben und wieder ein anderer könnte sich sein Leben ohne seine geliebte Katze nicht ausmalen. Es gibt Menschen, denen fällt es leichter sich zu lösen. Für sie gehört es zum Leben: „Das ist nun halt mal so. Man muss alles nehmen, wie es kommt.“

Aber man kann sich damit auch schwerer tun und fragen: „Warum kann es nicht so bleiben? Warum hänge ich so sehr an meinen Kindern, meinem Wohnort, meinem Arbeitsplatz, meinen Gewohnheiten? Weshalb bin ich nicht bereit zu lassen? Warum kann ich nicht nachgeben oder aufgeben? Was für einen Sinn hat überhaupt das Loslassen? Was nützt es mir denn? Ist es nicht jedem freigestellt? Weshalb erlebe ich das Loslassen automatisch als Verlust? Warum habe ich solche Angst vor Neuem, Unvertrautem? Weshalb schäme ich mich, wenn ich aufhören oder abbrechen muss? Warum muss ich immer die Kontrolle behalten?“

Selbstverständliches einmal anders

Man kommt diesen Fragen näher, wenn man sich in gewissen Situationen einmal anders als gewöhnlich verhält. Niemand kann zwar aufhören, der zu sein, der er ist, mit all seinen Vorlieben, Eigenschaften und Abneigungen. Man kann es sich aber leichter machen, sich freier fühlen, wenn man sein Repertoire ein wenig erweitert. Schon ein kleiner Schritt hat mitunter große Auswirkungen. Loslassen ist nicht nur eine gute Idee. Umgesetzt in die Praxis bewirkt sie auch unmittelbare Veränderungen. Testen Sie sich einmal selbst mit folgenden kleinen „Unterlassungen“:

- Frühstücken Sie einmal anders als gewohnt – beispielsweise statt dem üblichen deutschen Marmeladenbrot auf französische oder amerikanische Art, statt im gewohnten Galopp einmal besonders langsam und genüsslich mit Blumen oder Kerzen auf dem Tisch.
- Wählen Sie einmal einen anderen als den gewohnten Weg zur Arbeit.
- Wenn Sie jemand sind, der immer alles beenden muss, was er begonnen hat, dann lassen Sie einmal eine Sache halb fertig liegen.
- Wenn Sie sich für jemanden halten, der einfach immer viel zu nett zu anderen ist, dann seien Sie einmal ein bisschen böse oder unbequem. Sagen Sie: „Nein“, „Das interessiert mich nicht“, „Das muss ich mir erst überlegen“, oder: „Mir

ist nicht danach“, und registrieren Sie die Reaktionen der anderen.

- Wenn Sie zwanghaft pünktlich sind, seien Sie einmal bewusst unpünktlich. Lassen Sie Ihre Uhr irgendwo liegen und trauen Sie Ihrem eigenen Zeitgefühl.
- Verbannen Sie Ihre Waage aus dem Bad und trauen Sie Ihrem Körpergefühl.
- Wenn Sie gern Dinge aufschieben, dann erledigen Sie von nun an jeden Tag etwas Unangenehmes an erster Stelle.
- Wenn Sie etwas nicht mehr finden, geben Sie auf und wenden Sie sich einer anderen Sache zu.
- Gehen Sie nicht ans Telefon, wenn es läutet.
- Wenn Sie ein Nesthocker sind, dann verlassen Sie für einen Abend Ihr gemütliches Zuhause und besuchen Sie eine Veranstaltung oder ein Restaurant.
- Trennen Sie sich von aufbewahrten Zeitungsausschnitten, Angeboten oder Reiseprospekten.

Vielleicht wurde Ihre Neugier durch eines dieser kleinen Experimente geweckt. Sie werden sicher festgestellt haben, dass man Neues gewinnt, wenn man etwas loslässt. Loslassen schafft Platz für Veränderung. Wer loslässt, hat die Hände frei. Auch wenn es nur ein kleines Stück Freiheit ist, das man gewinnt, oder der Ausbruch aus einer Routine, die sich eingeschlichen hat – man entdeckt wieder, dass man die Wahl hat, wie man sein Leben gestaltet und fühlt sich um ein kleines Abenteuer reicher. Vielleicht fällt es aber auch schwer, weil man das Neue scheut. Man kann sogar ein wenig Angst haben, weil das Neue unsicher macht und ungewohnt ist oder weil man nicht mehr weiß, wie es weitergehen soll. Man würde eigentlich lieber alles beim Gewohnten belassen, weil man es kennt. Aber man ahnt, dass man sich selbst weiterbringt und verändert, wenn man die Kraft hat, etwas aufzugeben. Tief innen wissen wir, dass es uns auferlegt ist, immerzu etwas aufzugeben, um lebendig zu bleiben. Loslassen hat etwas mit Ent-Bindung zu tun, mit Ablösung, Aufbruch und Befreiung von etwas, das man nicht mehr festhalten will. „Stillstehen ist Zurückgehen", sagt der alte Sinnspruch des Cherubinischen Wandermannes. Lebendigkeit erfahren wir nur im Fortschreiten, durch das es uns gelingt, zu bleiben und zu werden, wer wir sind. Nicht loslassen können bedeutet Stillstand und das Unvermögen, wirklich lebendig zu sein.

Typische Situationen

Loslassen ist eine Entscheidung, ein Ausdruck unserer Freiheit zu wählen. Es ist *unsere* Wahl, ob wir uns im Alltag durch die vielen kleinen oder größeren Unannehmlichkeiten, Störenfriede, Hindernisse oder Enttäuschungen aus der Fassung bringen lassen, ob wir uns durch Unwichtiges von dem abbringen lassen, was uns wesentlich ist, oder ob wir liebevoll mit uns selbst und anderen umgehen. Weshalb wir so leicht aus dem Gleichgewicht zu bringen sind, hängt mit der für unsere Zeit typischen Erfahrung zusammen, dass alles „schnell" oder am besten „sofort" geschehen soll. Geschwindigkeit ist zu einer künstlichen Tugend geworden. Wir haben verlernt, auf einen Brief zu warten, weil wir in den Dimensionen der Unmittelbarkeit denken, die E-Mail, Fax und Computer uns vermitteln. Zeit wird als Kapital angesehen, um das sich die meisten persönlichen und sozialen Ängste drehen. Die Sorge um die eigene und die Zeit des anderen hat ein Ausmaß angenommen, das vergleichbar ist mit der Besorgnis um unsere Gesundheit. Störungen, durch die uns Zeit geraubt wird, greifen unser Selbstwertgefühl an, weil wir den Wert der uns verfügbaren Zeit mit unserem Selbstwert gleichsetzen.

Ich möchte ein paar typische Situationen aufzählen, die diese Problematik veranschaulichen. Sie eignen sich besonders gut als erste Schritte, um sich im Loslassen zu üben, weil sie uns allen bekannt sind und uns in die nötige Grundstimmung versetzen, die dem „richtigen“ Loslassen vorausgehen muss. Sie zeigen in konzentrierter Form, welche Anlässe es sind, die uns auf die Probe stellen. Vielleicht verdeutlichen sie auch, wie leicht wir zu irritieren sind, wenn wir einmal die Relativität dieser Anlässe bedenken:

Den Zug verpasst.
Ein Umleitungsschild.
Rote Ampeln.
Wieder mal ein Strafzettel wegen falschen Parkens.
Die Brille verlegt.
Den Lieblings-Kugelschreiber liegen gelassen.
Das gewählte Restaurant hat Ruhetag.
Der Computer stürzt ab.
In die Radarfalle geraten.
Der Kaffee ist ausgegangen.
Laute Nachbarn.
Eine wichtige Notiz verlegt.
Der erwartete Anruf kommt nicht.
Ein missglückter Haarschnitt.
Die Bluse hat einen Fleck.
In einer Schlange warten.
Zu viel bezahlt.
Das Auto hat einen Kratzer.
Eine Verabredung wird nicht eingehalten.
Der andere hat sich verspätet.
Die Zeitung kommt später als gewohnt.

Wie Wolken ziehen solche Hindernisse heran, verdichten sich und ziehen auch wieder davon. Gute Laune. Schlechte Laune. Ruhige Stimmung. Erregte Stimmung. Warum fällt es so schwer, diese Dinge einfach so zu nehmen, wie sie nun einmal sind? Warum beeindruckt und irritiert es uns derart, wenn etwas nicht so läuft, wie wir uns das vorstellen? Bei jedem Verlust, jedem Hindernis, jeder unerwarteten Panne wird uns einen Moment lang bewusst, wie begrenzt unser gezieltes Planen, Kontrollieren, Denken und Handeln ist und welch zahllose Möglichkeiten das Leben für uns bereithält, uns aus dem Gleichgewicht zu bringen und zu verunsichern. Unsere Verletzbarkeit und Irritierbarkeit gibt uns eine Ahnung der menschlichen Dimensionen: Alles, was uns wichtig erscheint, wird uns plötzlich in seiner Relativität bewusst.

Loslassen kann man nicht lernen wie eine Lektion, denn es ist eine Kunst, die nicht im Bereich des bewussten Denkens liegt. Wir können uns aber darin üben, mit welcher Haltung wir Dingen und Umständen begegnen. Es liegt in unserer Einstellung, wie wir auf das, was uns widerfährt, reagieren. Widerstand, Aufgeregtheit, Gespanntheit, Hysterie machen viele Dinge nur noch schlimmer und geben ihnen eine Bedeutung, die ihnen nicht zusteht. Im Aikido lernt man, dass das eigene Handeln umso wirkungsvoller ist, je weniger Widerstand man leistet. Und – was viele wissen –: wenn man aufhört zu kämpfen, ist man frei. Die Wahl liegt bei einem selbst. Im Loslassen liegt die Chance, innezuhalten und durchzuatmen. Manchmal sind es nur ein paar Sekunden, die uns daran erinnern, dass wir wählen können und frei sind, Dinge aus der Hand zu geben und nicht alles unbedingt selbst tun und herbeizwingen müssen. Es ist derselbe Vorgang, den Kinder auf natürliche Weise beim Schwimmen lernen. Irgendwann begreifen sie, dass sie nur den Atem loslassen müssen, um zu erleben, dass das Wasser sie trägt. Dasselbe Prinzip, das auch Radfahrer instinktiv erfassen. Wenn sie mit ihrem Rad aus dem Gleichgewicht geraten, steuern sie ihren Lenker automatisch in die Richtung, in die sie schwanken, hinein. So gewinnen sie die Kontrolle zurück, und das Rad richtet sich fast wie von selbst wieder auf.

Für die meisten ist es das Gegenteil dessen, was sie über den Umgang mit Schwierigkeiten gelernt haben. Statt zu beharren, unter größten Anstrengungen durchzuhalten, dagegen zu kämpfen oder aber wegzulaufen gilt es, etwas darüber zu erfahren, wie wir einen Schritt zur Seite tun können, zurücktreten oder abspringen. Unsere Loslösung beginnt, wenn wir die Wahl treffen, keine unnötigen Energien mehr durch Widerstand zu vergeuden, und wenn wir aufhören, uns im Kreis zu drehen, sondern unsere Mitte finden und zur Ruhe kommen. Statt die Fäuste zu ballen und festzuhalten, entdeckt man vielleicht, dass man sich wie der Radfahrer in eine Situation ohne Widerstand begeben und ihr Raum geben kann und dadurch, so wenig logisch das erscheinen mag, frei wird. Loslassen beginnt mit dem klaren Sehen dessen, was gerade ist. Erst wenn man erkennt, was da vor sich geht, sieht man die Möglichkeiten, die man zur Wahl hat. Nach außen mag es wie Nachgeben erscheinen, in Wirklichkeit aber ist es ein entwaffnendes, schützendes Vorgehen, das sich Probleme zunutze macht, statt gegen sie anzukämpfen. Indem man sich auf die Probleme bezieht, verlieren diese meist ihre verzehrende Kraft. Zu wissen, dass bestimmte Hindernisse vorübergehende Erscheinungen sind, heißt nicht, sie zu ignorieren. Es heißt vielmehr: sie klar zu sehen als das, was sie sind und sich von ihnen nicht angreifen zu lassen. Selbst Sigmund Freud meinte einmal lakonisch, dass manchmal eine Zigarre einfach eine Zigarre sei – und nicht mehr. Und Alexis Sorbas sagte dazu: „Leben heißt: die Ärmel aufzukrempeln und die Schwierigkeiten mit Freuden aufzunehmen."

An zwei Beispielen möchte ich demonstrieren, wie das konkret aussehen kann:

Es haben sich Gäste angekündigt und man bereitet ein Abendessen für sie vor. Spannung und Unsicherheit machen sich breit darüber, was alles schief gehen könnte. Sobald man sich von gedanklichen Störenfrieden dieser Art löst, verschwindet der übermäßige Druck; man zentriert sich und dadurch verändert sich die Sichtweise. Indem man sich wieder ganz darauf konzentriert, was man gerade tut und wie man es tut, wird man wie von selbst langsamer, effizienter und genauer. Statt daran zu denken, was noch alles zu tun ist, konzentriert man sich auf das, mit dem man gerade beschäftigt ist. Sobald die Vorbereitungen achtsam und ohne ablenkende Gedanken angegangen werden, sind auch die Bewegungen wieder flüssig. Paradoxerweise arbeitet man so viel effektiver.

Ein anderes Beispiel. Jemand kommt schlecht gelaunt von der Arbeit nach Hause. Der Partner ist ebenfalls in schlechter Verfassung. Statt sich nun gegenseitig herunterzuziehen, könnte man den anderen einfach nach seinen Erlebnissen des Tages fragen. Man lässt den eigenen Ärger los und widmet sich dem Partner. Dadurch gewinnt man ein wenig Aufschub. Selbst wenn der Ärger nicht verfliegt, so hat man doch die Kooperation des anderen gewonnen und kann womöglich später seine eigene Last loswerden, wenn der andere, nun befreiter, zuhören kann.

Wenn man mit Leib und Seele präsent ist oder in einer Aufgabe aufgeht, begibt man sich dorthin, wo der eigentliche Platz für einen selber ist: nämlich im Hier und Jetzt, im eigenen Innern und zugleich in jeder gestellten Aufgabe. Dieser nahezu alltägliche Vorgang, ob man sich seiner bewusst ist oder nicht, tritt in unterschiedlichen Graden in jeder menschlichen Aktivität zutage – ganz gleich, ob sie manuell, geistig, technisch, intellektuell oder sozial ist. Er illustriert auf einfachste Weise die Kunst des Loslassens.

Was Loslassen nicht ist

Loslassen ist nicht dasselbe wie resignieren. Viele denken beim Loslassen immer noch an eine Art von Akzeptanz, die das Leben fatalistisch hinnimmt, die sich stoisch dem Schicksal fügt, die keinen Protest, keine Rebellion und keine Neugier zulässt. Diese resignative Einstellung macht einen Menschen kleiner, weil sie lebensfeindlich ist und jegliche Begeisterung im Keim erstickt. Sie lässt die Offenheit für den Reichtum des Lebens verschwinden. Man wird gefühllos, weil man Gelassenheit mit Gefühlsarmut oder Gleichgültigkeit verwechselt. Zudem verengt sie den Blick, entfremdet von der Lebendigkeit des Körpers und verhindert die Suche nach Perspektive und Übernahme von Verantwortung.

Resignieren ist eher das Gegenteil von Loslassen, weil es dieser Haltung an Anteilnahme fehlt. Wer im guten Sinn loslässt, geht zwar auf Abstand, aber durchaus nicht ohne Gefühle. Doch er fällt eben nicht in die Opferrolle oder in die Siegerpose. Loslassen hat nichts mit Selbstaufgabe, Selbstmitleid oder Selbstverleugnung zu tun. Wenn beispielsweise jemand schon immer Französisch lernen wollte, aber dies nicht in die Tat umsetzt, oder ständig davon redet, einen Gewürzgarten anzulegen und nicht dazu kommt; oder wenn jemand immer wieder verspricht, demnächst einen Brief zu schreiben, dies aber nicht einlöst, so hat das alles nichts mit loslassen, sondern eher mit mangelnder Initiative zu tun. Es genügt nicht, seine

Erwartungen herabzuschrauben, sich in Ausreden zu flüchten, auf unglückliche Umstände zu verweisen oder Plätze und Menschen zu meiden. Man kann zähneknirschend Toleranz üben, immer nett und aufgeräumt sein, seine Gefühle verbergen und sicher sein, dass immer ein anderer oder die Umstände schuld sind. Man kann von einer Enttäuschung zur nächsten wandern, immer in der Hoffnung, dass man dieses Mal die Oberhand gewinnt. Man kann immer jemanden finden, der einem bestätigt, dass man Recht hat und immer neue Lösungen für alte Probleme suchen. Aber all das ist nicht Loslassen.

Da gibt es den jungen Mann, der auf einem Fest erscheint, unrasiert, mit Jeans, die gerade noch zur Gartenarbeit akzeptabel wären, der keinerlei Anstalten macht, mit jemandem ins Gespräch zu kommen, der seine eigene Gesellschaft in einem Ausmaß zu genießen scheint, dass man sich ihm kaum zu nähern wagt. Das Freundlichste, was man vielleicht noch über ihn sagen könnte, wäre, dass er all das, was irgendwie zum guten Ton gehört, die Sorge um die eigene Person und um die anderen, losgelassen hat. Aber können Sie sich vorstellen, mit jemandem befreundet zu sein, der stets lächelt, immer angepasst ist, dem nichts „etwas ausmacht", der immer auf der richtigen Seite steht, immer das Richtige sagt, den jeder Umstand ungerührt lässt? Wahrscheinlich werden die meisten zugeben, dass es aufregendere Gesellschaft gibt als eine Person, die so wenig eigene Konturen entwickelt hat und ihr Geschick derart von äußeren Gegebenheiten abhängig macht. Wer schon einmal einen Menschen geliebt hat, der sich bei näherem Kennenlernen als träger, passiver Liebhaber entpuppte, weiß, wie ansteckend das ist. Die Freude und Lebenslust verflüchtigen sich. Man fühlt sich selbst um jegliche Lebendigkeit und

Spannkraft gebracht. Mit Loslassen hat das alles nichts zu tun.

Ganz gleich wie wichtig unser Wunsch ist, loslassen zu können, wir dürfen nicht damit rechnen, dass mit einem Ortswechsel, dem Abbruch einer Beziehung oder einem Berufswechsel auch unsere Konflikte verschwinden werden. Genauso wenig können wir Pläne oder Listen aufstellen von Dingen, die wir loslassen müssen. Oder am Morgen aufstehen und per Willensakt entscheiden, dass wir heute alles loslassen, was uns stört und womöglich glauben, dass dieser Entscheidungsakt uns die nötige mentale Verfassung für den Tag gibt. Äußere Veränderungen oder Kraftakte sind nicht die Lösung. Resignation, Wegschauen, Ausweichen, Gleichgültigkeit erst recht nicht. Loslassen lässt sich nicht in Vorgaben, Verzichten, Fluchtverhalten oder ausgefeilten Plänen einfangen. Realistisch und möglich ist aber, dass wir uns befreien von den negativen Vorstellungen, die wir mit dem Loslassen verbinden – die meisten von ihnen hängen mit Verlusten zusammen – und dabei entdecken, dass unsere Fähigkeit zu Großzügigkeit und Toleranz davon abhängt.

Loslassen hat seine eigene Würde und darf nicht Mittel zum Zweck sein oder in billiger Weise Konflikte übertünchen, indem man vom anderen fordert, Unangenehmes einfach zu vergessen und wieder Verständnis zu zeigen. Loslassen respektiert den anderen, weil man weiß, dass auch er unvermeidlich leidet, Schmerzen hat und sterben wird. Diese Einsicht ist für manche ganz selbstverständlich, für die meisten aber entsteht sie erst durch eine Reihe wachrüttelnder Erfahrungen, bei denen es einem wie Schuppen von den Augen fällt, so dass man – trotz seiner Ansprüche und Wünsche, besonders, anders oder weiter als andere sein zu wollen – erkennt, dass man einander viel ähnlicher als unähnlich ist.

Diese Erkenntnis lässt sich nicht erzwingen und schon gar nicht durch Hinunterschlucken, Sich-Zusammenreißen oder Gleichgültigkeit. Es geht um das Ausbalancieren zwischen Halten und Loslassen, das uns lebendig und wach hält. Aber zunächst einmal geht es darum zu klären, was Loslassen wirklich ist.

Was ist Loslassen?

Loslassen ergibt sich als Folge unserer Auseinandersetzung mit den schmerzlichen Erfahrungen, die wir machen, mit unseren Abhängigkeiten, Ängsten und Aggressionen. Loslassen als Lebenshaltung ist das Kontrastprogramm zur Haltung des Beherrschens, Beharrens, Verneinens und Ausbeutens. Wir können nicht nur wollen, haben oder kämpfen. Wir haben auch das Bedürfnis, zu sein, zu spüren, zu fühlen und geschehen zu lassen. Die friedliche Einstellung des Loslassens steht als Prinzip der Bejahung und Hingabe dem Prinzip der Verneinung, der Verhärtung und der Erstarrung gegenüber. Es setzt auf die sanfte Kraft des Erweichens und Bejahens. So wie z.B. Gras Beton sprengen kann, wirkt es oft in paradoxer Weise. Nichts, was wir festhalten, kann sich frei entfalten und schwingen, nicht nur in Beziehungen und Partnerschaften, sondern auch im Umgang mit den Dingen. Unser volles Potential können wir nur entfalten, wenn wir frei schwingen. Dieses Prinzip steht unserer Alltagsphilosophie des Machens, des Bedingungen-Stellens und des besitzergreifenden Beharrens auf unseren Auffassungen von Glück entgegen. Diese macht uns kleiner, während die Haltung des Loslassens uns zwingt, über uns selbst hinauszuwachsen.

Eine Zen-Geschichte erzählt, wie die zwei Mönche Tansan und Ekido während einer Wanderschaft an die Furt eines Flusses kamen. Am Ufer stand ein wunderschönes junges Mädchen in einem Seidenkimono. Es hatte offensichtlich Angst, den Fluss zu durchqueren, da er aufgrund starker Regenfälle bedrohlich angeschwollen war. Ekido schaute schnell woanders hin. Tansan hingegen, ohne zu zögern und ohne ein Wort, nahm das Mädchen auf die Arme und trug es durch das Wasser. Am anderen Ufer setzte er das Mädchen behutsam ab, und die beiden Mönche gingen schweigend weiter. Eine Viertelstunde verging, eine halbe, eine ganze. Da platzte es aus Ekido heraus: „Was ist eigentlich in dich gefahren, Tansan! Du hast auf einen Schlag gegen mehrere Mönchsregeln verstoßen. Wie konntest du dieses hübsche Mädchen überhaupt beachten, geschweige denn sie berühren und ans andere Ufer tragen?“ Tansan erwiderte ruhig: „Ich habe sie am Flussufer zurückgelassen. Trägst du sie immer noch?“

Diese Geschichte hält uns einen Spiegel vor: Wie Tansan gelingt es uns manchmal, eine Sache in sich geschlossen zu Ende zu bringen. Wir lassen den Ballast der Vergangenheit zurück und werden frei für das Neue. Wir sind zufrieden, entlastet, befreit und können weitergehen. Allzu häufig verhalten wir uns aber wie Ekido – wir halten an Vorstellungen oder Meinungen, Plänen, Gefühlen oder Personen fest, auch wenn sie unseren inneren Frieden vergiften und uns unsere letzten Reserven kosten. Wir vergeuden unsere Kraft, unsere Wahrnehmung verengt sich und unser Denken wird starr. Wir werden unfähig, auf die Realitäten des Lebens spontan und angemessen zu reagieren, weil wir uns weder nach innen noch nach außen befreien können. Der Wunsch, die Dinge zu kontrollieren, sie zu dem zu machen, wie wir sie haben wollen, anstatt sie das sein zu lassen, was sie sind, ist ein Anzeichen für Enge, Verhärtung oder Widerstand. Dahinter steckt immer Angst, Unwissenheit und Misstrauen. Es kann aber auch Neid oder Wut mitspielen, vor allem wenn jemand anderes etwas besitzt oder kann, über das wir selbst nicht verfügen. Man fürchtet eine Verschlechterung des Lebens und behält damit oft sogar Recht, da die eigenen emotional geladenen Erwartungen sich in der Regel auch erfüllen. Wer gelernt hat, durch die Filter seiner Angst zu fühlen, durch die Färbung seiner Projektionen zu sehen und durch seine Vorurteile zu werten, dessen Wahrnehmung ist verzerrt, intolerant und beschränkt. Wie verlernt man das Nicht-Sehen, Nicht-Hören, Nicht-Fühlen?

Loslassen ist eine Erfahrung, keine Theorie. So wie man Klavier spielen lernt, indem man es immer wieder selbst ausprobiert, ist auch das Loslassen Übungssache. Es bedarf des persönlichen Einsatzes und einer gewissen Praxis, der man sich immer wieder neu stellt. Im Grunde ist es einfach und natürlich, loszulassen. Apfelbäume lassen ihre reifen Früchte einfach fallen, Mohnblumen verlieren ihre Blütenblätter wie von selbst, Tiere häuten sich und wechseln ihre Farben, weil sie, wie auch wir, Kreaturen sind, die all das, was sie nicht mehr benötigen, loslassen. Dazu bedarf es keiner Anstrengung und keiner übernatürlichen Kraft. Es ist im Grunde ganz einfach, denn auch wir tragen diese natürliche Fähigkeit in uns. Denken wir an den Atem, der für sich selbst sorgt, den Schlaf, in den wir uns einfach gleiten lassen, wenn wir einschlafen wollen, an die Träume, die von selbst auftauchen, und an die Einfälle, die uns zufliegen. An all dem haben wir teil. Wir können es nicht erzwingen oder machen. Es ist von sich aus da. Natürlich wachen wir nicht am Morgen auf in der Hoffnung, dass unser Tagwerk gelingen möge, wenn wir nur loslassen. Aber wir können diese entspannte Haltung in unser Denken einbeziehen, unsere Gedanken von ihrem negativen Beiwerk befreien und dabei feststellen, dass sämtliche Haltungen, sei es nun Großzügigkeit, Toleranz, Versöhnlichkeit, Treue oder Mut, davon abhängen, ob wir loslassen können.

Loslassen ist eine Entscheidung, die wir jeden Tag und jeden Moment neu treffen können. Manchmal ist es eine kleine, die im Grunde nur eine „Unterlassung“ ist. Wir lassen unseren Ärger nicht am anderen aus, oder wir lassen von einem geplanten Vorhaben ab, weil wir uns eine Verschnaufpause gönnen. Oft enthüllt sich die Bedeutung des Loslassens aber erst, wenn wir an der Grenze dessen angelangt sind, was wir aushalten oder ertragen können. Eine Katastrophe, eine Grenzerfahrung, eine Erschütterung – in solchen Momenten kann das Loslassen wie eine Erweiterung unserer Grenzen erlebt werden, was wir fast als ein Wunder empfinden.

Im Gegensatz zur Gewohnheit ist das Loslassen in den verschiedenen Lebenssituationen ein Ausdruck unseres freien Willens. Eine Wahl, die wir immer wieder neu treffen, die damit zusammenhängt, was uns wesentlich, wertvoll und liebevoll uns selbst und den anderen gegenüber erscheint. Ich spreche mit einem jungen Mann, der jahrelang Haschisch geraucht hat. Er hat damit aufgehört, weil er seine Examensarbeit schaffen will. Vor allem abends fällt es ihm sehr schwer, auf die gewohnte Droge zu verzichten, die ihn für den Stress des Tages entschädigen könnte. Dennoch meint er, dass dieser Verzicht sich für ihn lohnt, denn er will sein Studium erfolgreich beenden. „Jeden Abend denke ich: Ob ich jetzt eine mehr rauche oder nicht, ist doch eigentlich egal. Aber ich weiß ganz genau, dass ich am nächsten Morgen dafür ‚bezahle‘.“ Auf die Frage, ob diese Entscheidung etwas mit zunehmender Selbstliebe zu tun hat, meint er: „Ja, unbedingt. Ich kann es lassen, weil ich etwas entdeckt habe, das mir mehr wert ist als der abendliche Kick.“

Sobald wir uns unserer Wahlmöglichkeiten bewusst werden, erkennen wir, dass unser Leben ein sich wandelndes Räderwerk ist. Indem wir einen Teil verändern oder loslassen, verändert sich das Ganze. Bei dem jungen Mann war es eine Sucht, die konkreter Anlass und Kristallisationspunkt für eine Korrektur und innere Befreiung war. Bei anderen ist es eine Krankheit, eine neue Liebe oder eine neue Sichtweise. „Der Weg ist das Ziel“, heißt es im Zen-Buddhismus. Während wir auf dem Weg sind, ahnen wir, dass hinter jedem Loslassen ein weiteres Loslassen auf uns wartet.

Warum Loslassen so schwer fällt

■ ■ ■

Warum können wir nicht so selbstverständlich und mühelos loslassen wie die Schlüsselblume, die ihre Blütenblätter fallen lässt, oder der Birnbaum, der seine reifen Birnen zu Boden fallen lässt, wenn die Zeit gekommen ist? Warum verbinden wir mit dem Loslassen automatisch Schmerz, Verlust oder Verzicht? Man möchte meinen, dass es leichter fällt, loszulassen als festzuhalten, denn Loslassen erscheint mühelos und einfach. Keine Anstrengung ist nötig, wenn man loslässt. Dennoch fällt auf, dass Menschen lieber den Weg des Widerstandes einschlagen und sich an Gewohntes klammern. Warum begegnet man so wenigen Menschen, denen das Loslassen leicht fällt? Warum fällt es so vielen selbst in den Ferien schwer, zu entspannen und die Dinge geschehen zu lassen?

Im Gegensatz zu den Pflanzen müssen wir Menschen das Loslassen lernen und üben. Vergleichbar ist das mit dem Trainieren unserer Muskeln, die ohne ständiges Üben nicht flexibel, kräftig und belastbar werden können. Es braucht Arbeit an sich selbst, Disziplin und Selbsterkenntnis, um zu einem uneingeschränkten Ja gegenüber dem Leben zu gelangen, dem Leben, wie es ist und nicht, wie es unserer Vorstellung nach sein sollte. Als Menschen wollen wir vor allen Dingen überleben und dabei genügend Kontrolle, Macht und Sicherheit über unser Leben haben. Unser Ich will die Dinge im Griff haben, psychologisch gesehen hat es also keine Motivation, loszulassen. Loslassen ist ein Abenteuer, das mit unserem Selbst zusammenhängt, mit unserem Wesen, unserem Mitgefühl, unserer Demut und unserer wahren Größe.

Loslassen fällt außerdem so schwer, weil es mit Wandel verbunden ist. Loslassen bedeutet Veränderung. Man wird daran erinnert, dass das Leben nicht statisch ist und ein für alle Male so bleibt, wie es geworden ist. Nichts bleibt wie es ist. So wie der Baum geschnitten werden muss, um zu seiner vollen Blüte zu gelangen, müssen auch wir uns als Teil der Natur damit anfreunden, dass wir immer wieder loslassen müssen, wenn wir reifen und wachsen wollen. Im Unterschied zu uns sagt die Natur unaufhörlich Ja zum Leben, während wir uns immer wieder beklagen und gegen Veränderung wehren. Es braucht Mut und Weisheit, um zu einem vertrauensvollen Ja gegenüber dem Leben mit seinen Wechselfällen zu gelangen. Im Gegensatz zur Natur, die es einfach tut, müssen wir es uns bewusst aneignen, so loszulassen, dass wir uns nicht verlassen vorkommen. Wir brauchen Kraft und Übung, um zu lernen, uns immer wieder neu einzulassen, obwohl wir wissen, dass jedes neue Sich-Einlassen schließlich in ein Loslassen mündet.

Um zu erleben, wie schwer ein scheinbar müheloses Loslassen mitunter doch fallen kann, braucht man bloß einen Bleistift in die Hand zu nehmen und sich vornehmen, ihn loszulassen. Wie reagieren Sie? Gelingt es Ihnen, die Finger einfach zu öffnen, ohne Kraftanstrengung? Oder verkrampfen Sie sich? Oder werfen Sie den Bleistift einfach weg? Geben ihn jemand anderem? Verstecken ihn? Oder deponieren ihn irgendwo? So banal diese Aufgabe klingen mag, sie fällt doch vielen schwer. Wir sind derart daran gewöhnt uns anzustrengen, dass solch ein einfacher Akt des Öffnens und Lassens regelrecht verwirren kann oder zumindest ungewohnt erscheint. In den kleinen Dingen sind die großen enthalten. Wie wir mit kleinen Dingen umgehen, so gehen wir auch mit den größeren Herausforderungen um. Deswegen lohnt es sich, vor allem wenn wir mit größeren Problemen beschäftigt sind, unsere Aufmerksamkeit auf die kleinen Dinge zu richten. Plötzlich erscheint auch das so genannte Große in einem neuen Licht.

Wie tief das Bedürfnis ist festzuhalten, demonstriert die bekannte Affengeschichte: Um Affen für den Zoo zu fangen, bedienen sich die Fänger eines einfachen Tricks: Sie legen unter einen von Affen bevölkerten Baum eine bauchige Flasche mit engem Hals. In der Flasche liegt eine Banane. Bald schon kommt der erste hungrige Affe, steckt seine Hand durch den Flaschenhals und ergreift die Banane. Die Fänger erscheinen nun, und der Affe versucht natürlich zu fliehen. Aber seine Hand lässt die Banane in der Flasche nicht mehr los, und mit der Flasche kann er nicht klettern. So können die Fänger den Affen mühelos fangen ...

Wahrscheinlich kennt jeder so manche „Bananengeschichte“ – ein Plan, eine Liebschaft, ein Angebot oder eine Person, an denen wir festhalten und uns lieber einfangen lassen, anstatt einzusehen, dass wir in eine Falle geraten sind.

In all diesen Erfahrungen des Loslassens, den kleinen und den großen, den produktiven und den destruktiven, wird die erste, grundlegende – die Trennung vom Mutterleib – immer wieder belebt und auch die letzte – das große Loslassen des Lebens – vorweggenommen. Jedes Loslassen offenbart die Verletzbarkeit, die Unsicherheit und die Vergänglichkeit des Lebens und löst regressive Sehnsüchte aus: der Wunsch nach Rückkehr in das Einssein und die Geborgenheit der warmen mütterlichen Höhle. Aber auch Ängste: die Ahnung des Alleinseins, des Abgetrennt-Seins, des Verlassen-Seins.

Man muss nur ein Baby beobachten, um festzustellen, wie schon sehr früh ein Reflex einsetzt, der dem Festhalten dient:

der so genannte Klammerreflex. Ist es nicht erstaunlich, dass schon ein kleines Wesen sein ganzes Gewicht mit seinen Händen halten kann, wenn sich seine Finger um andere Finger klammern? Dieses Festhalten des Säuglings ist der instinktive und natürliche Schutz gegen das Fallen. Mit der Zeit verliert das Kind zwar diese Fähigkeit, aber das Wechselspiel zwischen Festhalten und Loslassen bleibt über die ganze Lebensspanne hinweg erhalten.

Zu unserer Grundausrüstung gehört also beides: Halten und Lassen. Das beantwortet aber immer noch nicht die Frage, weshalb Menschen lieber klammern als loslassen. Ich gehe davon aus, dass unsere Erziehung und Sozialisation hier eine wichtige Rolle spielen. Eine Erziehung, die dem Kind Gehorsam mit Hilfe von Angst vor Bestrafung oder Liebesentzug beibringen will, trägt dazu bei, dass viele auf dem Niveau von angepassten Schülern stehen bleiben, ewig bedroht vom Verfehlen vorgegebener Normen oder vom Unglück des Versagens. Statt herauszufinden, was einem persönlich am ehesten entspricht, wird man dazu gebracht, sich Regeln, Normen und Idealen verpflichtet zu fühlen und sich ihnen anzupassen. Der Vorteil des Festhaltens liegt auf der Hand: Wer sich anpasst, vermeidet Angst, Konflikte und Liebesverlust. Das ist zwar der sichere und bequemere Weg, aber auch der spannungsbeladenere. Man handelt sich nämlich eine Reihe von Nachteilen ein, die man oft erst mit der Zeit bemerkt. Anklammern führt zu Ehrgeiz, Konkurrenzverhalten, Neid, Geltungssucht, Aggression – Symptome, die heute zu den meist verbreiteten zählen. Loslassen hingegen ermöglicht Freiheit, auch wenn man dafür Unsicherheit, Ungewissheit und womöglich sogar Alleinsein in Kauf nehmen muss. Sich einen Weg zu bahnen in diesem Spannungsfeld zwischen Festhalten und Loslassen, dazu bedarf es Mut. Sich mit den Möglichkeiten des Loslassens auseinander zu setzen, kann aber weniger zeit- und energieraubend sein, als sich ein Leben lang in die Abhängigkeit von der Familie, der Gemeinschaft, einer Arbeitsstelle, einer Glaubensüberzeugung zu begeben. Es gibt Menschen, die tagtäglich unter der Spannung stehen, sich anzupassen, sich zu zwingen, sich zu verstellen. Ihr Gesicht und ihr Körper sind entstellt vom Festhalten und von der Abwehr der verlockenden Möglichkeiten des Loslassens. Ihre Kräfte sind erschöpft, weil sie zu oft Ja sagen zu anderen und weil jedes Ja zugleich ein Nein gegenüber sich selbst bedeutet. Es gehört Eigensinn dazu, der eigenen Wahrheit auf die Spur zu kommen, aber es könnte auch sein, dass man plötzlich neugierig wird und sich faszinieren lässt von den spannenden Abenteuern des Loslassens.

Krieg im Hirn

Wir müssen nicht sämtliche Probleme auf einmal lösen. Wir können sie zur Seite legen, Schritt für Schritt angehen oder eine Zeit lang loslassen. Ist das nicht hilfreich? Selbst mit Problemen im Beruf, mit den Kindern, mit Interessenkonflikten, mit Nachbarn oder mit Niederlagen ist es möglich, sich eine bewusste Haltung anzueignen, die darüber entscheidet, ob wir unser Leben als erschöpfenden Wettlauf erleben oder eben einfach „leben". Das heißt nicht, dass man sich willenlos oder schicksalsergeben treiben lassen sollte. Zweifellos ist es wichtig, sich mit aller Kraft für seine Ziele und Aufgaben einzusetzen. Nur dürfen wir uns dabei nicht auf etwas versteifen, sondern müssen immer auch bereit sein abzulassen, wenn uns unser Leben in eine andere als die gewünschte Richtung führen will. Dafür ist letztlich alles, was uns begegnet – Erfolg wie Misserfolg, Gelingen wie Versagen, Gutes wie Böses – geeignet. Es geht schließlich darum, dass wir unsere Gaben, unsere Anlagen und Fähigkeiten entwickeln. In uns steckt aber ein starker und mitunter sturer Wille, der es uns schwer macht, einmal gefasste Pläne oder Ziele aufzugeben. Manche neigen dazu, lieber auszubrennen oder zugrunde zu gehen, als sich einzugestehen, dass sie sich zu viel zugemutet haben. Die Gratwanderung zwischen dem, was verträglich ist und dem, was uns begehrenswert erscheint, ist für alle eine Herausforderung, weil wir nun einmal nicht eindeutig linear angelegte, sondern suchende und widersprüchliche Wesen sind.

Das hängt auch mit unserem Gehirn zusammen, das nicht wie eine straff organisierte, zentral gesteuerte Einheit funktioniert, sondern eher wie ein loser Verbund verschiedener relativ selbstständiger Systeme. Diese Subsysteme konkurrieren und widersprechen sich immer wieder, weil ihre Austauschfähigkeit begrenzt ist. Gewisse elementare Aspekte des Verhaltens beruhen auf einer genetischen Grundlage, die vom ältesten Teil des Gehirns gesteuert werden, dem Stammhirn. In existentiellen Gefährdungssituationen reagiert es reflexartig, ohne dass sich das intelligente Großhirn dazwischenschaltet. In weniger bedrohlichen Situationen regulieren dagegen zwei höher entwickelte Steuerungszentren unser Verhalten: Das limbische System ist zuständig für die Gefühlsimpulse wie Lust, Angst, Zuneigung, Abscheu, während das Großhirn (Neocortex) unser bewusstes Denken, Planen und Wahrnehmen steuert. Gegen reflexartige und gefühlsbetonte Impulse vermag der Neocortex meist nur wenig auszurichten. Andererseits bewirkt eine bewusste Einsicht noch lange nicht, dass sich die damit verbundenen Gefühle und Verhaltensweisen automatisch verändern und einstellen. Das erklärt die vielen menschlichen Widersprüche, die besonders in unserem Verhalten im Hinblick auf das Loslassen zum Ausdruck kommen. Bedenkt man, dass das Stammhirn auf der Ebene des Krokodils, das limbische System auf der Entwicklungsstufe der Säugetiere und nur das Großhirn bewusst menschlich reagiert, so wird verständlich, dass wir in Situationen, die unsere Sicherheit in Gefahr bringen, zunächst einmal reflexartig und mehr oder weniger geschockt reagieren. Loslassen ist in solch einer Situation nicht denkbar, es muss sich erst durch ein gewisses Maß an Vertrauensbildung angeeignet werden. Sobald Gefühle der Abwehr oder Abneigung ins Spiel kommen, obwohl die Situation unbedenklich ist, sträubt sich etwas in uns, sich auf die Situation einzulassen und loszulassen. Obwohl wir ermutigt werden und auch einsehen, dass es völlig legitim ist, eine Sache abzugeben und aufzuhören, bringt uns nichts in der Welt dazu, dies zu tun, weil in unserem Gehirn Krieg zwischen Gefühlen und Einsichten herrscht.

Die Einstellung zum Loslassen ist neben der hirnphysiologischen und stammesgeschichtlichen Fundierung auch ein Kulturprodukt. Es ist immer auch die uns umgebende Kultur, die darüber entscheidet, wie wir uns im sensiblen Bereich zwischen Festhalten und Loslassen bewegen. Ob man dazu angehalten wird, einmal gesetzte Ziele um jeden Preis durchzusetzen, ob man das Abbrechen, Aufhören als Scheitern empfindet, ob Beharren als Tugend oder Loslassen als Größe erlebt werden – all dies wird durch die jeweilige Gesellschaft und Kultur weitgehend mitbestimmt. Jede Kultur wacht darüber, dass die Normen bezüglich sozialer Werte der Ausdauer, des Durchhaltevermögens und seiner Kehrseite eingehalten werden. Die Regeln dafür müssen also gelernt werden. Das Erlernen dieser Regeln ist für das Kind zugleich Ausdruck seines seelisch-geistigen Entwicklungsfortschrittes. Kinder haben zunächst kein ausgeprägtes Sensorium für Konsequenz und Beharrlichkeit. Bald aber lernen sie grundlegende Lektionen: „Was auf den Teller kommt, wird aufgegessen“, „Wer etwas anfängt, muss es auch zu Ende bringen“, „Wer A sagt, muss auch B sagen“. Ihre mangelnden Einsichten werden zunächst als erfrischend, anders oder erheiternd erlebt – gelegentlich aber auch als lästig, wenn beispielsweise Kinder nicht kapieren wollen, dass sie bis zum Ende des Unterrichts sitzen bleiben sollen und nicht einfach wegrennen dürfen. Kleine Kinder befolgen noch nicht die geltenden Normen des Durchhaltens. Für sie macht es deshalb keinen Sinn, ihnen das Loslassen beizubringen. Sie leben ohnehin ausschließlich im Jetzt. Das Loslassen ist für sie so selbstverständlich, dass sie mitten in einem Streit plötzlich sagen können: „Komm, wir sind wieder gut und spielen weiter." Loslassen wird erst in der Trotzphase zu einem Thema, wenn sie ihr Ich entdecken und sich um jeden Preis durchsetzen und behaupten wollen. Plötzlich halten sie an ihren Ideen und Wünschen fest, auch wenn sie sich dabei völlig verausgaben. Mit der Zeit wird das jugendliche Schema des Entweder-oder, Alles-oder-Nichts verdrängt zugunsten einer gelasseneren Haltung des Sowohl-als-auch. Die Kanten der Realität können immer weniger durch eine Flucht in Phantasien gerundet werden. Die Art, wie die Welt aufgefasst wird, ist nicht mehr dieselbe. Es geht nicht mehr darum, den eigenen Willen um jeden Preis durchzusetzen. Die dunklen Seiten des Erwachsenendaseins, das Nicht-Geglückte, das zu Unrecht Erlittene, das Selbstverschuldete, die Beschränkung erschüttern das Selbst- und Weltbild. Die Sinne werden nuancenreicher, selektiver. Das Vertrauen in die Haltung gelassenen Geschehenlassens nimmt zu, die Rhythmen des Haltens und Lassens wandeln sich. Loslassen wird unumgänglich, aber nicht im Sinne von Entsagung, sondern als Voraussetzung für ein Mehr an Tiefe.

Loslassen als mentale Kampfkunst

Es gibt Situationen, da gelingt es fast spielerisch und mühelos, den Kurs zu ändern und loszulassen. Manchmal sind es äußere Umstände, die das Spiel unserer Kräfte neu ordnen. Ein bestimmter Geruch, ein atemberaubendes Panorama oder auch das Ansammeln neuer Erkenntnisse und Fakten können uns ganz überraschend in eine völlig verwandelte Stimmung bringen. Mitunter bedarf es nur eines Anrufes, und ein schwieriger Tag erscheint trotz aller dagegen sprechender Evidenzen in einem ganz neuen Licht. Vorher noch angespannt, missmutig, überlastet aufgrund der vielen Anforderungen von allen Seiten, unter Zeitdruck und kurz angebunden, ist man plötzlich wie verwandelt. Die Situation hat sich nicht geändert, aber die eigene Sichtweise. Alles, was vorher schwierig und kaum zu schaffen war, geht nun leicht von der Hand, nur wegen eines unverhofften Anrufes, der eine angenehme Überraschung oder Neuigkeit ins Haus brachte. Aber wer garantiert uns, dass bald wieder die Ankündigung eines Erfolgs oder die Erfüllung eines Wunsches ins Haus steht? Es ist nicht gerade sehr praktisch, sich von äußeren Ereignissen abhängig zu machen. Besser ist es, um aus dem verzwickten Teufelskreis auszusteigen, selbst eine Methode des Loslassens zu finden, die immer dann verfügbar ist, wenn man sie braucht. Wir benötigen eine rasche, auf der Stelle wirksame Fertigkeit, die hilft, Situationen oder Dinge zu lassen und geschehen zu lassen, ohne stets die Kontrolle haben oder behalten zu müssen.

Loslassen ist eine Haltung, die sich ansiedeln lässt zwischen Allmachtsphantasien und Ohnmachtgefühlen, zwischen Euphorie und Depression. Loslassen ist auch eine Kunstfertigkeit, die von der Technik fanatischer Kämpfer genauso weit entfernt ist wie von der Resignation, die Würde mit Rückzug verwechselt. Wir machen uns selten klar, dass der Prozess, in dem wir zu unserer eigenen Art und unserem eigenen Denken und Handeln finden, immer darauf beruht, dass wir Überflüssiges loslassen, Vorhaben aufgeben und aus der Vielfalt der Möglichkeiten die wählen, die uns am ehesten entsprechen. Unsere Sprache entwickelt sich, indem wir die Unzahl der möglichen Laute reduzieren, die für unsere Kommunikation einen Sinn machen. Unser Freundeskreis ergibt sich, indem wir eine bestimmte Zahl möglicher Freundschaften nicht schließen, damit wir uns tiefer auf die bestehenden einlassen können.

Normalerweise begegnen Menschen Problemen, indem sie sich noch mehr anstrengen oder kämpfen und krampfhaft nach Lösungen suchen – manchmal um jeden Preis. Erfolgt die gewünschte Lösung nicht, verstärken sie ihre bisherigen Anstrengungen noch weiter, obwohl die meisten wissen, dass zweimal soviel eben nicht doppelt so gut ist und die Sache oft sogar verschlimmert. Es gibt tatsächlich unzählige Situationen, in denen das Gegenteil von Druck und Anstrengung zur Lösung und Entspannung beitragen. Ähnlich wie der schleudernde Autofahrer, der seine Räder auf Schleuderkurs bringt, statt dagegen zu lenken, können auch wir in problematischen Situationen lernen, „mit dem Problem zu gehen“, statt dagegen anzukämpfen. Man spart eine Menge Energie, wenn man seine Verteidigungs- und Angriffshaltung aufgibt und stattdessen seine Geisteskräfte einsetzt, um loszulassen, das heißt: nicht zu handeln, einen Schritt zur Seite zu tun oder geschickt auszuweichen. Die Wirksamkeit von Kampfkünsten wie

Taekwon Do, Karate, Aikido oder das ursprüngliche Tai Chi beruhen letztlich auf diesen Prinzipien der Loslösung, die die Kräfte und Gegenkräfte ins rechte Verhältnis zueinander bringen. Die Übenden dieser Methoden trainieren, wie man Angriffen begegnet durch Manöver, die nach außen hin wie Nachgeben oder Ausweichen erscheinen, die aber in Wirklichkeit entwaffnende und schützende Maßnahmen darstellen, die zum Sieg und zum Selbstvertrauen verhelfen.

Loslassen ist eine mentale Kampfkunst, vergleichbar mit dem Judo – nur findet es auf der geistigen Ebene statt. Ein mentales Judo, das genauso der Übung bedarf wie jede andere Kampfkunst. Ob es sich um einen Angriff auf der Matte oder auch um lebensbedrohliche Situationen handelt, man gewinnt den Eindruck, dass die Kampfkünstler immer Ruhe und Sinn für das rechte Maß bewahren. „Meine eigenen Erfahrungen auf der Matte haben mir gezeigt, dass es Dinge gibt, bei denen ich etwas ausrichten kann, und andere, bei denen ich nichts tun kann. Ich habe gelernt, die Alternativen mit einer Art losgelöstem Gleichmut zu betrachten", sagt Joe Hyams, ein amerikanischer Journalist, der sich dem Studium der Kampfkünste widmet.[1] Was bei diesen Künsten oft wie ein Aufgeben aussieht, ist in Wirklichkeit ein schützender Kunstgriff, der von den Sorgen der Verkrampfung und der Angst vor der Niederlage befreit. Ähnlich könnte man beim mentalen Loslassen mit der Zeit lernen, wie man die Anspannung überwindet und so gelassener „akzeptieren" kann.

Ein Beispiel dafür: Das Auto ist defekt, man bleibt auf der Strecke und verpasst einen wichtigen Termin. Normalerweise bringt einen solch eine Situation zur Weißglut. Stattdessen be-

---

[1] Hyams, Joe, Der Weg der leeren Hand. Zen in den Kampfkünsten. München 1991, S. 135

sinnt man sich auf die Strategie des mentalen Judos und – lässt los. Im Handumdrehen verwandelt sich die Lage. Die Wogen glätten sich und man entspannt. Neue Kräfte werden frei, die man sich vorher nicht zugetraut hätte. Das Rudern gegen den Strom hat seinen Reiz verloren, man ist gelassen und leicht.

Sie arbeiten an einem wichtigen Projekt und geraten in Spannung wegen des Termindrucks. Sie werden immer nervöser, können sich schlecht konzentrieren und die Laune sinkt unter den Nullpunkt. Sobald Sie die Situation loslassen, sich distanzieren, wieder tief atmen und sich darauf konzentrieren, was gerade ansteht, verschwindet der Überdruck. Die Perspektive verändert sich, weil man sich wieder an den Punkt Null der gestellten Aufgabe begibt und nicht mehr durch Katastrophenphantasien abgelenkt ist.

Menschen unter Druck haben die Neigung, sich mit ängstlichen Gedanken und Befürchtungen zu beschäftigen. Sie phantasieren, was alles passieren könnte und programmieren damit schon von vornherein die Möglichkeit des Scheiterns vor. Diese Gedanken rauben viel Energie und stören die zielgerichtete Aufmerksamkeit. Erst wenn man sie loslässt, kann man effizienter arbeiten, indem man sich wieder darauf konzentriert, was zu tun ist, statt sich mit dem zu beschäftigen, was passieren könnte.

Loslassen ist erlernbar

■ ■ ■

Loslassen heißt nicht verlangsamen. Strategien zur Verlangsamung gehören längst zum Inventar der Moderne. Meist sind sie weniger ein Mittel der Entschleunigung als vielmehr eine weitere Facette unserer „Multioptionsgesellschaft". Man denke nur an die Verfahren der Konservierung, der Schönheitschirurgie oder an die Verzögerungstaktiken mancher Politiker, um mit unliebsamen Forderungen fertig zu werden. Loslassen unterscheidet sich grundlegend vom Prinzip Langsamkeit. Loslassen heißt nicht Kontrolle über die Zeit oder Herrschaft über die Natur, sondern die Bereitschaft, eigene Gezeitenwechsel und Dynamik zuzulassen und sich auf eine Abstimmung eigener und fremder Rhythmen einzulassen. Loslassen kann uns vor dem Tempowahn retten und uns helfen, die eigenen Gezeiten und Rhythmen wieder ernst zu nehmen. Es geht also nicht darum, mehr zu tun oder wieder etwas Neues zu lernen, sondern etwas wieder ans Licht zu bringen, das wir als Kinder mühelos beherrschten – Loslassen.

Wie kann man Loslassen erlernen? Am besten ganz konkret. Nehmen Sie einen kleinen Gegenstand, den Sie leicht in der Hand halten können. Ein Ball, ein Wollknäuel oder ein Stein eignen sich am besten. Die Aufgabe heißt ganz schlicht: spüren, dass dieser Gegenstand herunterfällt, wenn Sie ihn loslassen. Halten Sie den gewählten Gegenstand in Ihrer dominanten Hand und verankern Sie das Signal „Loslassen" in der anderen Hand. Sie tun dies, indem Sie die Fingerspitzen von Daumen und Zeigefinger drücken. Wann immer Sie nun dieses Signal drücken, lassen Sie den Gegenstand los. Vielleicht müssen Sie diese Verbindung mehrmals üben, damit sie Ihnen vertraut und zur Routine wird. Mit etwas Übung sollte das Signal „Daumen-Zeigefinger“ automatisch zum Reflex „Loslassen“ in der anderen Hand führen. Wenn dieser einfache Daumen-Zeigefinger-Kontakt das Gefühl für das Loslassen herstellt, dann kann man dieses Signal auch für andere Situationen nutzen, in denen man sich von der eigenen Verärgerung lösen will. Beispielsweise über ein störendes Geräusch, eine unaufgeräumte Nische in der Wohnung, einen Fleck auf dem Kleidungsstück. Anfänglich eignen sich vor allem Dinge, die emotional nicht zu sehr beladen sind. Hat man den Loslass-Reflex wirklich verinnerlicht, so kann man ihn auch auf zwischenmenschliche Belange anwenden. Zunächst übt man den Vorgang des Loslassens jedoch anhand unbelebter Objekte. Man fragt sich: „Bin ich bereit, dieses Objekt (Geräusch, Störung) loszulassen?“ Lautet die Antwort „Ja“, benutzt man das Daumen-Zeigefinger-Signal und lässt los. Eine einfache Technik, die aber sehr effektiv ist, weil man die Erfahrung des Loslassens steuern kann. Man erlebt dieses befreiende Gefühl genau in dem Moment, in dem man es braucht. Das bedeutet ein Stück Zugewinn an Autonomie. Man ist nicht mehr Opfer von Umständen, Störungen oder Hindernissen, sondern kann selbst wählen, was, wie und wann man loslassen möchte. Mit etwas Praxis und Routine genügt später allein der Gedanke „Loslassen“, und das gewünschte Gefühl stellt sich ein.

Neurowissenschaftler postulieren, dass beim Lernen immer der ganze Organismus beteiligt ist. Gedächtnis ist also nicht nur eine kognitive Leistung, sondern ein Zusammenwirken von Sensomotorik, Affekt, Gefühl und Geist. Deswegen ist es wichtig, dass die Technik des Loslassens nicht nur im Bewusstsein, sondern auch im Körper beziehungsweise in der Hand, verankert wird. Vielleicht erscheint dieses Daumen-Zeigefinger-Signal trivial. Das Gegenteil ist aber der Fall. Unser ganzes Leben besteht aus kleinen Dingen, kurzen Momenten und unserer Beziehung zu ihnen. Wenn wir in der Lage sind, kleine Dinge zu lassen oder loszulassen, die vielleicht unbedeutend erscheinen, so entsteht eine Kettenreaktion. Wir erhalten eine neue Beziehung zu den so genannten großen Dingen. Das Ernstnehmen kleiner Erfolgserlebnisse führt zum Sinnerleben großer Werte. Schließlich kommt das Große aus dem Kleinen. Oder anders gesagt: Die Art, mit der wir mit kleinen Dingen umgehen, reflektiert, wie wir zu den großen Dingen stehen. Wenn wir imstande sind, kleine Dinge loszulassen, entwickelt sich eine veränderte Sicht der großen wichtigen Dinge, ohne dass wir bewusst darüber nachdenken. Es geschieht einfach.

Frieden finden

Der Bildhauer Michelangelo wurde nach dem künstlerischen Geheimnis seiner Skulpturen gefragt. Seine Antwort könnte man auf einen Nenner bringen: weglassen, was überflüssig ist. Er bearbeitete den Stein so lange, bis all das weggehauen war, was nicht zur Skulptur gehörte, um das Kunstwerk, das im Stein angelegt war, freizulegen. Unsere Lebenswirklichkeit ist zwar nicht dauerhaft in Stein zu bannen, weil wir in der Zeit stehen und damit im Wandel, aber wir können unsere Seele als plastisch begreifen, sie zur lebendigen Form „meißeln", indem wir weglassen, was überflüssig ist. Jeder sein eigener Michelangelo! Die Kraft zum „Nein", die Stärke zum Loslassen von dem, was überflüssig ist, was ablenkt, was unwesentlich ist, kann man gewinnen, indem man sich darin übt, all das „wegzumeißeln", was nicht eigentlich zur eigenen Person gehört, damit das Wesentliche durchscheinen kann. Dabei stößt man automatisch auf die Frage: Was möchte ich? Eine Patientin fasste es in einen Satz: „Ich möchte bei mir sein." Bei sich sein heißt: Frieden finden. Sich zufrieden geben mit dem, was ist. Als Möglichkeit ist dieser innere Frieden in uns allen angelegt. Man braucht weder eine besondere Hirnchemie noch jahrelange Meditationspraxis, weder Kopfstände noch Nabelschau. Als Kinder erlebten wir den Zugang zu diesem friedfertigen Sein noch unverstellter, wir haben es immer wieder praktiziert, wenn wir uns völlig dem Spiel hingaben oder mit offenen

Augen ins Land unserer Träume eintauchten. Im Laufe der Zeit haben sich Schichten von Ängsten, Zweifeln und Erwartungen darüber gelegt, die es uns schwer machen, ganz im Hier und Jetzt zu sein und diesem inneren Frieden zu trauen.

Einfachheit stellt sich ein, wenn wir Frieden mit uns selbst schließen, weil wir allmählich zur Einsicht gelangen, dass wir die Früchte des Lebens nicht „vergolden" müssen. Einige der Finten, Fallen und Verführungen können losgelassen werden, weil wir immer mehr begreifen, was wir an Reichtum in uns selbst besitzen. Das relativiert unsere Ichbezogenheit, unsere Überzeugung, dass wir alles kontrollieren, reparieren und verstehen können. Wenn das Ego nicht irgendwann relativiert, das heißt aus seiner Mittelpunktposition herausgerissen wird, wird es nie zum Frieden kommen. Frieden heißt: die Gegensätze, die Widersprüche zu vereinen. Wir können so in eine tiefere Ebene gelangen, die wir vielleicht als Weisheit bezeichnen dürfen. Frieden mit sich und der Welt ist möglich und kann glücken aus dem Grundgefühl der Geborgenheit in mir, in meinem Leben, in meiner Mitwelt.

Jeder Tag stellt uns vor die Wahl, auf welche Seite wir uns stellen – Loslassen oder Dranbleiben, Frieden oder Stress, Seinlassen oder Druck. Den inneren Frieden zu finden, braucht weder Anstrengung noch stundenlanges Üben. Es braucht das, was ich „den entscheidenden Schritt tun" nenne: einen mutigen Sprung in das Vertrauen und die Versöhnlichkeit mit sich selbst, im vollen Wissen um die Risiken, die das Leben bereit hält. Das heißt: die Entmutigung besiegen und sich dem Leben hingeben. Dafür kann man sich entscheiden und es dann auch tun.

Nur zu oft vergessen wir, dass das Leben ein Geschenk und nicht eine Liste von Erledigungen ist, die es abzuhaken gilt. Selbst wenn wir sterben, wird einiges unerledigt liegen bleiben. Hält man sich diese Tatsache vor Augen, gelingt es vielleicht leichter, den Zwang zum Erledigen loszulassen, jeden Schritt zu genießen und ein von Frieden erfülltes Leben zu führen.

Fühlt man sich einmal wieder unsäglich gestresst, so empfiehlt es sich, tief Luft zu holen und all das, was einen plagt und grämt, für einen Augenblick loszulassen. Die Gedanken „Ich bin da", „Es gibt mich" könnten ein Einstieg sein zur Entspannung des Körpers, zum Ankommen im Hier und Jetzt und der Verbundenheit mit dem großen Ganzen.

Kleine Schritte – grosse Wirkung

Meine Arbeit mit Menschen hat mir über die Jahre gezeigt, dass Menschen hauptsächlich daran scheitern, dass sie sich unrealistisch hohe Ziele setzen. Ohne Zweifel ist es notwendig, sich mit all seiner Kraft für erstrebenswerte Ziele einzusetzen. Genauso wichtig ist es aber auch einzusehen, dass Entwicklungen nur in behutsamen Ausbalancierungen konstellierbar und verkraftbar sind. Menschen neigen eher dazu, sich zu versteifen, zu scheitern oder zugrunde zu gehen, als sich einzugestehen, dass das Gewicht der Lasten, die sie sich aufgeladen haben, zu schwer ist. Statt bescheidener drei Kilo Gewichtsverlust müssen es zwanzig Kilo sein, statt einer sanften Umstellung auf das Bewegungsbedürfnis des Körpers wird ein tägliches Fitnesstraining mit lieblosen „Foltergeräten" zur Pflicht. Da gibt es plötzlich keinen Kaffee, keine Butter oder keine Schokolade mehr. Man verurteilt sich zur Askese statt aufmerksamer Partnerschaft mit dem Körper oder genussvoller Muße. Es dauert nicht lange und alles wird über den Haufen geworfen. Man gibt auf und fühlt sich auch noch als Versager, weil man das „falsch" Gewünschte nicht erreicht hat. Solche Selbstanklagen sind weit verbreitet, weil sie gewisse Vorteile mit sich bringen, nicht nur im Hinblick auf die Umwelt, sondern auch für einen selbst. Man ist sein eigener Ankläger und bemitleidet sich zugleich, und man wiegt sich im Glauben, dass man bei richtigem Einsatz oder Willen durchaus in der Lage gewesen wäre, sein selbst gestecktes Ziel zu erreichen. Lieber geht man mit Selbstbeschuldigungen und Rechtfertigungen hausieren, als den wahren Grund seiner Misere in Frage zu stellen oder zu korrigieren.

Selbstanklagen setzen einen Teufelskreis in Gang: Man will anders und idealer sein, als man ist und wird unzufrieden. Man beginnt wieder von vorn, und bald findet man sich im nächsten Hürdenlauf der Selbstkontrolle, überzogenen Selbstverbesserungsideen und des Versagens. Welchen Sinn kann ein verbissenes Festhalten an unrealistischen Zielen haben, wenn einem auf diese Weise eine Dimension des Lebens geraubt wird – nämlich diejenige, die das eigene Wachstum voranbringt? Unrealistische Selbstverbesserungsprogramme, unerreichbare Ziele, Scheitern, Wiederholung und Beharren, das sind die Elemente, die die Chemie des Stillstandes und der Selbstsabotage bestimmen.

In den letzten Jahren sind wir in der Tat regelrecht überschüttet worden mit Diätempfehlungen und Fitnessratschlägen. Ein wahrer Dschungel an Informationen existiert, mehr als jeder gesunde Mensch verarbeiten kann und wissen möchte. Aber hat das Wissen weitergeholfen? Die traurige Tatsache ist, dass laut Umfrage 25 Prozent der Schulkinder übergewichtig sind, dass immer mehr Menschen Essstörungen entwickeln und dass Erkrankungen als Folge sitzender Lebensweise stetig zunehmen. Zwar expandieren die Fitnesszentren, aber wo bleiben die Kinder und Leute, die gern im Wald spazieren gehen, die Blumen pflücken, die gern einfache und gesunde Speisen essen? Einer der Gründe dafür liegt sicher darin, dass es so etwas wie eine kollektive Überheblichkeit gibt, die behauptet, bei richtigem Einsatz und entschiedenem Willen könne man praktisch jedes gewünschte

Selbstbildnis oder Perfektionsideal erreichen. Ein kluger Sportlehrer gab einmal den Rat, sich nur halb so weit zu dehnen, wie man eigentlich könnte. Die Folge war, dass seine Sportgruppe entspannen und loslassen konnte und statt Quälerei und Abwehr plötzlich so etwas wie Freude an der Bewegung verspürte. Menschen neigen dazu, größere Brocken verschlingen zu wollen, als es Schlund und Magen ihnen erlauben. Die meisten tragen solch widersprüchliche Anlagen in sich. Sie entspringen dem Erlebnis des Kindes, das den Forderungen seiner Eltern zu entsprechen versucht. Fatalerweise weiß das Kind aber auch gleichzeitig, dass es diesen Erwartungen nicht oder nur teilweise gerecht werden kann. Die Erfahrung, für Versagen und Fehler bestraft und für schuldig befunden zu werden, seine Leistungen mit den Augen der Eltern zu messen, zu schätzen und zu verwerfen, prägen sich ihm schon früh ein und veranlassen es schließlich, sich später bei entsprechender Gelegenheit jene Vorwürfe, die es zu hören bekam, selbst zu machen.

Wie gelingt es, diesem Teufelskreis von überhöhter Erwartung und Versagen zu entkommen? Zunächst einmal gilt es, sich einzugestehen, dass jeder von uns so gut handelt, wie es ihm tatsächlich und unter Berücksichtigung der jeweiligen Lebensumstände möglich ist. Welches Ziel auch immer wir verfolgen, es lohnt sich, die Messlatte nicht zu hoch anzusetzen. Denn eigentlich will man nur das sein und erreichen, was man tatsächlich sein und erreichen kann. Nur ist man sich dessen oft nicht bewusst und meint, man müsse wollen, was man wollen soll. Der Anfang aller Weisheit ist, das zu wollen, was man selbst wirklich will. Dann lösen sich die Spannung und die Last. Man hat nichts mehr zu gewinnen oder zu verlieren, sondern ist und hat das, was man tatsächlich ist und haben will. Das könnte beispielsweise heißen, dass man dem eigenen Kopf und den eigenen Muskeln traut und sie dafür benutzt, wofür sie geschaffen sind. Dann kann man sämtliche Diätregeln einfach vergessen und auf die Waage im Badezimmer pfeifen. Gelingt es, hoch gesteckte Ideale aufzugeben und sich stattdessen mit der Wirklichkeit des Lebens anzufreunden, wie auch immer sie geartet sein mag, löst sich der Krampf und man kann viel mehr erreichen. Das heißt nicht, dass sich sämtliche Probleme in Wohlgefallen auflösen, aber es wird möglich, trotz aller Fehlschläge und Enttäuschungen mit sich toleranter und zufriedener zu sein. Auf die lange Sicht ist es erfolgreicher, etwas Einfaches zu tun, etwas, das man gern tut und nicht etwas, das irgend jemand anderes vorgeschlagen hat. Wer zu weit vorausschaut, bringt sich in unnötige Anspannung. Es genügt, einen Schritt nach dem anderen zu tun und zu wissen, dass jeder Schritt einem dem Ziel näher bringt. Im Volksmund heißt es, man solle nicht laufen, bevor man nicht gehen kann. Das heißt: nichts unternehmen, was einem zu viel wird, so dass man sich weiterschleppen muss und jeder Schritt eine Anstrengung ist.

Vielleicht gibt es einen Bereich in Ihrem Leben, der veränderungswürdig ist. Versuchen Sie es einmal in kleinen Schritten und setzen Sie sich ein realistisches Ziel. Lassen Sie Ihre hoch gesteckten Wünsche los und beschränken Sie sich darauf, etwas zu tun, das Sie tatsächlich schaffen können, statt eines großen Kraftaktes, der voraussichtlich zum Scheitern verurteilt ist. Wir können unsere Integrität durchaus bewahren, selbst wenn wir unsere Ziele beschränken. Das Paradoxe ist: wenn wir unsere Ziele erreichen wollen, müssen wir auch darauf vorbereitet sein, sie loszulassen. Das ist kein Zeichen von Schwäche, sondern von Weisheit. Ziele und Objekte loslassen können heißt entspannter sein, und damit schaffen wir die beste Voraussetzung, sie zu erreichen.

Gibt es Ziele, die Sie anstreben? Wie wäre es mit einem realistischen Plan? Beispielsweise die Umstellung auf genussvolle Muße beim Essen. Oder einen Spaziergang vor dem Schlafengehen. Kleine Schritte, die verkraftbar sind und sich realisieren lassen, erhöhen die Erfolgschancen und motivieren weiterzumachen, wenn man dafür bereit ist.

Stimmungen loslassen

Aus schlechten Stimmungen herauszukommen, kann man einüben. Natürlich ist es leichter, ein Kleidungsstück oder einen Schuh abzulegen als eine schlechte Stimmung. Aber der Unterschied ist geringer, als man vielleicht annimmt. Zunächst lohnt es sich wahrzunehmen, wie wir mit unseren schlechten Stimmungen umgehen. Wir schützen und verteidigen sie und schenken ihnen derart viel Beachtung, dass sie ein Schwergewicht erhalten, das ihnen nicht zusteht. Mit der Einstellung, sie seien unausweichlich oder selbst verschuldet, lassen wir uns von ihnen die Lebensfreude verderben. Wir verbarrikadieren uns förmlich hinter unseren niedergeschlagenen, freudlosen Launen und merken oft nicht, wie leichtfertig wir uns unsere freudigen, glückseligen Stimmungen vermiesen lassen. Sollte es nicht gerade umgekehrt sein? Warum schützen wir nicht unsere guten, beschwingten, optimistischen Momente und verteidigen sie, so wie wir unsere Tiefstimmungen gegen jegliche Vernunft aufrechterhalten?

Schlechte Laune macht hässlich. Sie entstellt uns. Sie nimmt uns die Unbefangenheit gegenüber der Wirklichkeit, vergiftet unser Herz und trübt die Sinne, so dass wir blind und taub werden gegenüber der Fülle und den Freuden des Lebens. Manchmal gibt es in der Tat triftige Gründe – einen Verlust, Sorgen um die Gesundheit, finanzielle Probleme,

Liebeskummer. Häufig wissen wir auch, weshalb wir uns so schlecht fühlen, und das lässt die Stimmung meist noch weiter sinken. Viele Begebenheiten des Alltags sind für uns Grund zu schlechter Laune: Erschöpfung, zu wenig Anerkennung und Beachtung, das Wetter, die Hormone, die Nachbarn, der Hund oder die aufkommende Grippe. Unser Leben scheint einem Schema zu folgen: drei Schritte vorwärts, zwei Schritte zurück, und dann erreicht man ein Plateau, auf dem alles so merkwürdig blass und ereignislos verläuft, als würde nichts geschehen. Meist siedeln sich unsere schlechten Stimmungen gerade in dieser Plateauphase an. Wir sind unzufrieden, missmutig, obwohl wir instinktiv wissen, dass nach diesen unscheinbaren, ereignislosen Strecken meist ein kleiner Wachstumsspurt ansteht. Wer kennt nicht die Tage, an denen man kaum aus dem Bett kommt und sich schon gar nicht vor die Türe wagt? Man lässt sich hängen und wartet auf bessere Zeiten. Das Leben scheint öde, keine Versprechungen locken, die eigene Stimme klingt sogar in den eigenen Ohren eigenartig farblos.

Wenn das Stimmungsbarometer dunkle Wolken anzeigt: Soll man sich hinauswagen oder lieber warten, bis sie sich verzogen haben? Man hat immer drei Möglichkeiten. Die eine heißt ganz schlicht: annehmen was ist, keinen Widerstand leisten und nicht versuchen, gegen sie anzukämpfen. „Der ‚Blues‘ hat dich erwischt, also singe ihn aus vollem Herzen“, sagen die Jazz-Musiker. „Auch das wird vorbeigehen“, wissen Großmütter uns zu trösten. Nachgeben, die Tränen laufen lassen, die schlechte Laune einfach „ersäufen“ – notfalls mit einem Glas Wein – oder „wegschlafen“. Keine Laune ist so schlecht, dass sie nicht durch ein Nickerchen kuriert werden könnte. Oder mit einem guten Essen. „Gegessen wird, ob wir glücklich oder unglücklich sind“, so lautete die Devise meiner Großmutter. Selbst Miguel de Cervantes meinte: „Elend wird vergessen, gibt's nur was zu essen." Schlechte-Laune-Essen darf aber keinesfalls Magerkost sein. Warum machen Spaghetti und Gnocchi zufriedener als Salate? Dafür gibt es eine wissenschaftliche Erklärung: Kohlenhydrate verändern die Hirnchemie durch die Erhöhung des Serotonins, des natürlichen „Wohlfühl-Enzyms". Sie machen ruhig und friedlich. Mit anderen Worten: Pasta und Kartoffeln sind die Antidepressiva, die uns die Natur bereithält.

Eine andere Möglichkeit wäre der einfache Entschluss, von der schlechten Stimmung herunterzukommen. Loslassen: das ist ein Kniff, den man schon nach wenig Übung beherrscht. Einfach aufstehen, ganz bewusst und tief ein- und ausatmen, laufen, sich umdrehen und am ganzen Körper schütteln – die schlechte Laune hat in einem derart energetisierten Körper keine Überlebenschance mehr.

Die dritte Alternative heißt: das Tempo herunterfahren, innehalten und umschalten. Einen Freund anrufen und sich aussprechen, einen besonderen Tee aufsetzen, spazieren gehen, den Schreibtisch aufräumen, Papiere ordnen, ein neues Projekt auf den nächsten Tag verschieben, wenn man sich wieder besser konzentrieren kann. Dunkle Stimmungswolken lassen sich oft rasch vertreiben, wenn man nur ein wenig freundlicher und liebevoller mit sich selbst umgeht. Viele Menschen bringt schon der Gedanke daran, was ihnen eine gute Mutter oder ein enger Freund in einer solchen Situation Gutes tun würde, auf gute Ideen. Verdient man nicht gerade dann einen selbst gekauften Blumenstrauß auf dem Heimweg, wenn man schlechter Dinge ist? Gerade die schlechten Tage bergen versteckte Geschenke, wenn man bereit ist, sich auf sie einzulassen und sie loszulassen. Wieder stimmig werden heißt auch: sich auf das Gute zu besinnen, was man zur Hand hat – ein Glas Wein, ein paar Tomaten, Olivenöl und ein gutes Brot. Menschen, so verschieden sie sind, besitzen glücklicherweise alle gewisse Vorlieben, deren genussvolle Befriedigung ihnen helfen kann, ihre schlechte Stimmung wieder loszuwerden.

Wie man den bösen Wolf kocht

Wer hat keine Angst vor dem bösen Wolf? Wir alle fürchten uns davor, wenn er vor unserer Türe steht, winselt, kratzt und Einlass fordert. Jeder kennt einen mehr oder weniger dramatischen Schlag ins Gesicht, sei das nun ein Unfall, Arbeitslosigkeit, der Verlust eines Familienangehörigen, die Steuernachzahlung, ein Wasserschaden, der entwendete Geldbeutel, ein missglücktes Projekt oder ein gesalzener Strafzettel. Wenn der gierige Wolf auftaucht, dann gerät unser Leben aus den Fugen. Es ist, als würde uns der Boden unter den Füßen entzogen. Unser Glaube an ein freundliches Universum erhält bis dahin ungekannte Risse und Brüche. Ein Abgrund tut sich auf, plötzlich ist das Vertrauen in diese Welt erschüttert. Man spricht vom Schicksalsschlag oder Trauma.

Jean-Dominique Bauby, der 43-jährige Chefredakteur der Zeitschrift *ELLE*, wurde durch einen plötzlichen Hirnschlag gelähmt. Er verfügte aber noch über die Fähigkeit, mit einem Augenlid willkürlich zu blinzeln, so dass er, wenn eine Krankenschwester ihm das Alphabet aufsagte, Buchstaben markieren konnte. So entstand im Zeitlupentempo sein schmales Buch *Schmetterling und Taucherglocke* (1997). Anders als man von einem unter solchen Bedingungen entstandenen Buch erwarten würde, wurde es eine leichte, fließende Lektüre mit vielen Details, als würde das Leben unter solchen Bedingungen einen Glanz und eine Ehrfurcht erfahren, in dem jede Kleinigkeit zählt. Auch unter weniger dramatischen Umständen schaffen manche Menschen es immer wieder, selbst in härtesten Zeiten von „Lebensstil“ statt vom reinen Überleben zu sprechen. Menschen, die mit einem Minimum an Geld auskommen und dennoch nicht von Armut sprechen, weil sie auf ihren seelischen Reichtum bauen. „Armut beginnt in der Seele und nicht im Geldbeutel“, so die Devise einer älteren Dame, die den Hunger während der schlimmsten Kriegsjahre am eigenen Leib kennen lernte und noch heute voller Dankbarkeit jedes Brot segnet. Egal wie groß ihre finanziellen Sorgen waren, immer gab es mehr als nur die pure Angst um das Überleben. Sie konnte ihr Leben genießen, weil sie es mit dankbarem Herzen empfing und die täglichen kleinen Freuden in einem großen Freundeskreis mit einfachem, schmackhaftem Essen und Trinken zu feiern verstand. Wer ihren Fußstapfen folgen wollte, dem empfahl sie, sich zu lösen vom Denken in Geldeinheiten und Sicherheitskategorien.

Es gilt, den „heiligen Hunger“ nach Herzensfülle und Seelenwärme zu stillen, so dass auch in Zeiten, in denen sich die Wölfe überraschend ankündigen, immer noch etwas bleibt, was Freude, Sinn und Dankbarkeit verspricht. Unangenehme Überraschungen hält das Leben für jeden bereit, und meist sind wir unzureichend darauf vorbereitet, aber wir können, wenn die Wölfe heulen, uns von unserer Opferhaltung befreien und aufhören, mit ihnen zu heulen. Wir müssen prüfen, ob Angst die einzige Antwort ist, zu der wir fähig sind. Wenn wir ihr nachgeben, werden die Wölfe unser Herz und Haus besetzen. Wenn wir davon ausgehen, dass die meisten Schicksalswirbel und Wendungen sich als heiße Wolfsgier entpuppen und dass viele so genannte Wölfe lauwarm gegessen werden, dann bleibt auch in schwierigen Situationen immer die Möglichkeit, die Wölfe zu entschärfen, sich ihrer Übermacht zu entledigen, sie einzufangen, auseinander zu legen und langsam zu kochen.

Gelingt es, sich auf das Gute zu besinnen, was oft viel näher liegt als man denkt – ein Gespräch mit guten Freunden, ein besonders gutes Glas Wein, ein eindrucksvoller Sonnenuntergang, Musik, ein Mensch, den man besonders mag, ein frisches selbst gebackenes Brot, eine kleine Auszeit, trotziger Humor –, dann weiß man, dass das Leben auch frohlocken kann, selbst wenn die Wölfe mit ihren gierigen Augen ins Fenster blicken. Den Wolf aushungern lassen kann man, wenn man sich darauf besinnt, dass man immer innere Quellen und Reichtümer zur Verfügung hat, an die er nicht herankommen kann. Wenn wir darauf vertrauen, dass wir einen inneren Sinn besitzen, der uns auf unsere immer vorhandenen Ressourcen hinweist, können die Wölfe ruhig kommen, aber sie können uns nur wenig anhaben. Vielleicht erwischen sie unser Geld, unsere Gutgläubigkeit, unsere Ordnung oder unsere Belege, aber unsere Liebe, Wärme und Seele erhaschen sie nie.

Genug ist genug

■ ■ ■

„Genug" ist ein wirkungsvolles Leitprinzip. Es bewirkt eine Haltung, die manchen vielleicht altmodisch erscheinen mag: Zufriedenheit. „Genug" speist dieses Gefühl der Zufriedenheit, weil es daran erinnert, dass es genügt, was wir im Moment sind, was wir haben, was wir wissen, können oder erleben. Genug heißt: Ja sagen zu dem, was uns bestimmt ist, anerkennen, was möglich ist, zustimmen zu dem, was gerade geschieht. „Genug" führt zum Einverständnis mit dem Leben, so wie es ist. Das heißt nicht, dass nicht noch anderes zu erreichen oder zu haben wäre. Doch können wir Zustimmung lernen, ohne mehr haben, leisten oder erreichen zu müssen.

Verwechseln wir dabei nicht Zustimmung mit Resignation? „Genug" bedeutet nicht: träge sein, die Hände in den Schoß zu legen oder aufzugeben. Im Gegenteil. „Genug" ist ein Geisteszustand und nicht so sehr ein Umstand. Es ist der erste Schritt zum Frieden mit sich selbst. Eine Entscheidung, die wir treffen und nicht etwas, das uns passiert. Man ist bei sich, fühlt sich im Einklang mit sich selbst und kann Abschied nehmen von überhöhten Ansprüchen oder großartigen Phantasien, weil man das, was man tut und hat, anders bewertet. Tatsächlich sehnen sich die meisten Menschen nach dieser Haltung der Zufriedenheit, oft ohne es zu wissen. Je schneller sie aber rennen, sprechen, handeln und organisieren, umso abgestumpfter werden sie für die feine innere Stimme, die daran erinnert:

„Genug." Zufriedenheit beginnt, wenn wir uns selbst gegenüber loyal werden. Das heißt: statt Dingen, Situationen, toxischen Substanzen und Menschen ergeben zu sein, Treue gegenüber sich selbst zu entwickeln. Zurücktreten, abspringen und einfach leben, im doppelten Sinne von *einfach* leben und einfach *leben*. Einen Zipfel vom Glück bekommt vielleicht derjenige zu fassen, der erkennt, dass er genug von allem hat, der nicht mehr glaubt, dass die Dinge besser wären, wenn man dies oder jenes noch erreichen und besitzen könnte, oder der nicht mehr wünscht, dass er woanders wäre, als er es gerade ist. Es ist geradezu ein Luxus, das zu wollen, was man gerade hat.

Heute wird das Wort Abgrenzung in diesem Zusammenhang häufig verwendet. Mir scheint dieses Wort zu hart und oft bis zur Unbrauchbarkeit entwertet, weil es an Kampf denken lässt, bei dem man sich nicht nur eingrenzt, sondern andere auch ausgrenzt oder entwaffnet. Die Akzente liegen beim Frieden anders: leben und leben lassen, versöhnlich sein, erkennen, was die Seele nährt und was nicht. Die Haltung des Genug schenkt diese Freiheit: Weil wir nicht allmächtig sind, dürfen wir uns aus dem Anspruch entlassen, das Leben im Griff zu haben, besessen zu sein von Anforderungen und hektischem Getriebensein.

Wer verlernt hat, unmittelbar wahrzunehmen, was gerade ist, und stattdessen alles durch die Filter seiner Vorstellungen, Ideale, Wünsche und seiner Moral sieht, beschwört automatisch Ängste, Entwertungen und Verurteilungen herauf. Der Anfang aller Weisheit ist vielleicht zu wissen, worauf man verzichten kann. „Genug" zu sagen gibt Einblick in die Grenzen von Möglichkeiten. Das heißt: Abschied nehmen nicht nur von Menschen und Dingen, sondern auch von Eigenschaften, durch die man sich selbst definiert hat. Oft sind es andere Menschen, die einfach an einen glauben, die einem wie Leuchttürme in der Schwärze der Nacht den Weg zeigen und vermitteln: „Ich mag dich so, wie du bist.“ Oder es ist eine gelassenere Einstellung zu Problemen, weil man kapiert hat, dass man den Dingen auch Zeit lassen kann und sie sich von ganz alleine lösen. Ähnlich wie eine verstopfte Nase, die am nächsten Tag ganz plötzlich wieder frei wird. Das Bemühen um Klärung und Auseinandersetzung um jeden Preis ist nicht mehr so dringlich, weil das Rudern gegen den Strom seinen Reiz verloren hat. Man muss nicht mehr im Zentrum des Geschehens stehen, weil der Zwang zum Siegen nachgelassen hat. Stattdessen kann man sich den Luxus leisten, manchen Problemen den Rang eines Schnupfens einzuräumen – ob man etwas dagegen unternimmt oder nicht, bleibt sich gleich.

Genug zu sagen stärkt das emotionale Immunsystem. Ähnlich wie unser körperliches Immunsystem die Aufgabe übernimmt, Viren, Bakterien und Parasiten abzuweisen, braucht es zur seelischen Hygiene Aufmerksamkeit, Zuwendung und Unterstützung. Damit sich neue Räume und Muster bilden, braucht es unbesetzte Zonen. Das Signal „Genug“ könnte der Auslöser für ein Aussteigen aus dem Karussell alltäglicher Verpflichtungen und des ewig vollen Terminkalenders sein. Vielleicht sind unsere Müdigkeit, Übellaune und unser Überdruss nicht einfach zu bekämpfende Schwächen, sondern ernst zu nehmende Zeichen, die uns daran erinnern: „Genug ist genug.“

Zufriedenheit ohne Anstrengung

Kaum einer, der nicht in einer der leidigen Verhaltensmuster gefangen ist: gefallen wollen, ärgerlich sein, ungeduldig, neidisch, verschwenderisch sein, nachtragend oder destruktiv, um nur einige zu nennen. In diesen Mustern gefangen zu sein bedeutet aber nicht, ihnen ausgeliefert zu sein. Es heißt lediglich, dass man das Geheimnis des Loslassens noch nicht beherrscht. Im Gegensatz zu anderen Techniken bedarf das Loslassen keinerlei Anstrengung, keiner Schweißperlen oder mühsamer Selbstbeherrschung. Es geht schlicht darum, dass man versteht, was Loslassen eigentlich bedeutet.

Wie einfach es sein kann, möchte ich an einem selbst erlebten Beispiel erklären. Ich erinnere mich an meine erste Lektion im Wasserskifahren vor etwa 30 Jahren, wie stolz ich war, als ich nach ein paar erfolglosen Versuchen endlich wie ein Phönix aus dem Wasser auftauchte. Mein Glück währte nicht lange. Krampfhaft versuchte ich mich am Seil festzuhalten, aber ich kam nicht mehr nach oben. Irgendetwas hatte ich einfach nicht begriffen. Der Bootsmann stellte den Motor ab. Ich werde nie sein breites Grinsen vergessen, als er mich belehrte: „Wenn du fällst, musst du loslassen!“ Das war meine erste und wichtigste Lektion in Sachen Loslassen. Noch heute begleitet mich dieser Satz wie ein Mantra: „Wenn du fällst, musst du loslassen.“ So einfach kann es also sein. Inzwischen kommt mir meine langjährige Übung im Umgang mit Verlusten und eine andere Lebensperspektive zur Hilfe. Doch damals im Wasser hatte ich diese Wahlmöglichkeit noch nicht. Die Hilflosigkeit und die Angst waren stärker. Gedanken überfluteten mich: Was habe ich falsch gemacht? Hält er mich jetzt für unfähig? Warum stelle ich mich bloß so ungeschickt an? Diese Fragen blockierten mich derart, dass eine natürliche und instinkthafte Reaktion nicht einmal mehr denkbar war.

Im Karateunterricht lernen die Schüler erst einmal, gekonnt zu fallen. Ein gut beherrschter Fall entschärft die Stöße des Lebens und federt die harten Kanten der Realität ab. Es kann einem nicht mehr viel zustoßen, weil man ausweichen, zur Seite gehen oder sogar lernen kann, nicht mehr alles frontal und persönlich zu nehmen.

Ist es nicht eigenartig, wie unfroh wir darüber sein können, dass wir unzufrieden sind? Reicht es nicht, dass man einfach unglücklich oder unzufrieden ist? Auf den ersten Blick scheint es nahe liegend, dass man seine eigenen Gemütszustände bewertet, beurteilt und gewisse Einstellungen dazu entwickelt. Aber bei näherem Hinsehen hat es auch etwas Selbstquälerisches, als ob man Salz in eine Wunde streut, um die Schmerzen zu lindern, oder Benzin in ein Feuer schüttet, um es zu löschen. Was geschieht? Es brennt noch mehr. Man kann sich selbst unglücklich machen, das kennt jeder auf die eine oder andere Art. Aber macht es Sinn? Warum tolerieren wir so leichtfertig unsere Unzufriedenheit? Dafür gibt es eigentlich keine Rechtfertigung, außer dass wir es so gewohnt sind.

Was wir selbst hervorrufen, können wir auch abschwächen oder sogar ausschalten. Heißt das nun, dass man sich selbst glücklich oder zufrieden machen kann? Das klingt ein wenig nach positivem Denken, nach Planung oder Strategie. Eilfertiger Pragmatismus ist aber nicht vereinbar mit einer Zufriedenheit, die aus dem Herzen kommt. Vorstellungen von Glück und Zufriedenheit in menschlichen Köpfen führen dazu, dass man Bildern nachjagt und nicht mehr offen dafür ist, was das Leben in jedem Moment ungefragt und freiwillig anbietet. Je mehr Bilder und Ideen wir verfolgen, je mehr wir willentlich bestimmte Ereignisse herbeiführen wollen, desto eher werden wir enttäuscht. Dieses schmerzliche und anstrengende Vergleichen geschieht oft unbewusst. Seine Wirkung ist dennoch destruktiv. Das Leben wird zu einer Kette von Enttäuschungen anstatt zu einer Folge von Abenteuern.

Man müsste nicht unzufrieden sein mit dem, was man im Leben offeriert bekommt, hätte man sich nicht schon von vornherein darauf fixiert, was man sucht oder suchen sollte. Also sind es unsere Ideen über Glück und Zufriedenheit, die uns daran hindern, zu sehen und wahrzunehmen, was ist. Solange wir uns im Zustand des Suchens befinden, sind wir unruhig, getrieben und auch merkwürdig blind für das, was wir schon haben. Zufriedenheit ist weder herstellbar noch herbeiführbar. Sie schenkt sich den offenen Augen, Ohren und Herzen. Sie kommt zu denen, die von ihren selbst gemachten Vorstellungen loslassen können. Loslassen schenkt diese Freiheit: Weil wir nicht allmächtig sind, müssen wir das Leben nicht im Griff haben, und wir sind auch nicht für alles verantwortlich. So ähnlich wie man die Luft zum Atmen nicht suchen kann, lässt sich auch Zufriedenheit nicht suchen. Aber man kann sie einladen, indem man sich nicht anstrengt, sie zu suchen, sondern sich finden lässt. Finden ist nicht etwas, das uns passiert – es ist etwas, das mit der Einstellung zu tun hat, wie entspannt wir uns auf den Wellen des Lebens gleiten lassen. Glück und Zufriedenheit sind der natürliche Ausdruck anstrengungslosen Seins. Sie kommen, wenn wir sie annehmen, so wie sie sich anbieten. Ähnlich wie die Sonne, die sich manchmal hinter Wolken verbirgt, im Grau des Himmels versteckt und dann plötzlich wie von selbst wieder strahlt.

Gewohnheiten verabschieden

■ ■ ■

Nichts ist schwerer als eine schlechte Gewohnheit aufzugeben. Da gibt es so vieles, von dem man gern frei werden möchte, das man hinter sich lassen wollte, und dennoch klebt man an eingefahrenen Verhaltensweisen. Die meisten wissen nur allzu gut, was sie vermeiden oder worauf sie verzichten sollten. Wohl jeder kennt die mahnende innere Stimme, die warnt: „Tu es nicht." Auch wenn sie nur flüstert, sie ist unüberhörbar, wenn wir ein Glas Wein zuviel trinken, die Langeweile mit Süßem füllen, uns in den Banalitäten des Alltags verlieren, unser Bedürfnis nach Ruhe missachten oder schlechte Behandlung erdulden. Mit wachsender Lebenserfahrung können wir immer weniger ignorieren, was uns bekommt und was uns schädigt. Dennoch halten wir an unseren gewohnten Mustern fest, machen dieselben Fehler, weil wir diese innere Stimme nicht genügend würdigen oder sie oft einfach nicht hören wollen.

Die Einsicht darüber, wie oft wir vor unseren Schwächen kapitulieren und wie wenig wir im eigenen Interesse handeln, kann Zweifel an unserer Freiheit aufkommen lassen. „Menschen sind Gewohnheitstiere", dieser Satz ist bis zur Unbrauchbarkeit strapaziert. Aber wir müssen bis zu einem bestimmten Grad auch Gewohnheitstiere sein, sonst würde das Leben zu mühsam, da wir alles immer wieder neu entscheiden müssten. Wir brauchen Erfahrungen, auf die wir zurückgreifen können. Gefährlich wird es allerdings, wenn diese scheinbar lustvollen Erfahrungen uns beherrschen. Wie in allen Dingen des Lebens, sei es nun Liebe, Sport, Genuss, Wein oder Arbeit, geht es um ein optimales und vertretbares Maß, um ein bewusst gewähltes Pendeln zwischen Festhalten und Loslassen.

Bevor man eine Gewohnheit loslässt, ist es hilfreich zu wissen, weshalb man sie loswerden will. Was wäre der Gewinn? Welche Qualitäten könnten in meinem Leben neuen Raum und neue Beachtung finden, wenn ich eine bestimmte Verhaltensweise aufgebe? Mehr Zeit, mehr Vitalität, Wahrhaftigkeit, ein besseres Körpergefühl, ein gesünderer Lebensstil?

Das eigene Wesen unter den Schichten von Gewohnheiten aufzuspüren, dazu braucht es ein bewusstes Nach-innen-Hören und nicht ein krampfhaftes Analysieren oder Bewerten. Dieses aufmerksame In-sich-Hören öffnet und verstärkt die inneren Sensoren auf sanfte Art und Weise. Eine Klientin drückte es so aus: „Ich könnte endlos so weitermachen. Es gibt eigentlich nur einen Grund aufzuhören. Ich halte es einfach nicht mehr aus, meine inneren Stimmen ständig zu überhören." Je mehr es also gelingt, sich auf wohlwollende und verständnisvolle Art seiner selbst bewusst zu werden, desto weniger ist man bereit, sich selbst zurückzustellen. Das Bei-sich-selbst-Sein wird immer wesentlicher und läuft dem Dabeisein und dem Mitmachen den Rang ab. Das Bedürfnis nach ungestörtem Bewusstwerden drängt sich durch das Getriebensein des Funktionierens nach außen. Das, was einen nährt und einem gut tut, erhält plötzlich eine neue Qualität und wird nicht mehr als Entsagung oder Verzicht empfunden, sondern als Bemühen um Integrität. Man kann die fragwürdigen Verhaltensmuster der anderen akzeptieren, weil weder das Missionieren noch die falsche Anpassung nötig sind. Der Freiraum zu neuer Lebensgestaltung öffnet sich: Statt des gewohnten

Glas Weines erhält man plötzlich Schwung durch einen Abendspaziergang, statt des unbewussten Naschens zwischen den Essenszeiten hat man wieder Lust an gemütlichen Mahlzeiten, und statt des schnellen Griffs zur Fernbedienung gibt es vielleicht ein gutes Buch oder eine handwerkliche Tüftelei in der Garage. Man könnte wieder Rad fahren, Frühlingsblumen pflanzen, Apfelmus kochen, Bärlauch pflücken, mit den Kindern Fußball oder eine Runde Scrabble spielen. Man könnte es nicht nur, man würde es auch tun, weil diese hartnäckigen Gewohnheiten einen nicht dauernd am Tun hindern würden. Allzu oft ist uns nicht einmal bewusst, dass wir uns um kostbare Momente bringen, die uns zur Kreativität zurückbringen könnten, weil wir uns einfach „wegzappen" durch die kleinen Gewohnheiten, die sich in unser Leben eingeschlichen haben.

Auch wenn diese schlechten Gewohnheiten nicht gerade lebensbedrohlich sind, so berauben sie uns doch unserer Lebenslust und Vitalität. Es ist nie zu spät, sie aus unserem Leben zu entlassen. Selbst wenn wir von anderen keinen Applaus und keine Belohnung dafür erhalten – ist es nicht für uns die größte Belohnung, dass sie uns nicht länger lähmen?

Schmerzen loslassen

■ ■ ■

Tiere können Schmerzen fühlen. Menschliche Wesen aber empfinden darüber hinaus eine Dimension von Schmerz, die Tiere nicht kennen. Menschen können Verrat, Verlust, Enttäuschung und Kränkung auf einer Ebene erfahren, die Tiere niemals erleben. Schmerz ist der Preis, den wir für unsere Menschlichkeit entrichten, für unser Vermögen, Liebe, Freude, Begeisterung, Hoffnung, Schöpferkraft, Loyalität und Treue zu empfinden. Schmerz, der sich in uns einnistet, verlangt von uns Toleranz, Anpassung und innere Neuorientierung. Leichte oder schwere Schmerzen, die im jugendlichen Alter eher die Ausnahme eines beschwerdefreien Zustandes waren, hören mit den Jahren auf, nur mehr Abweichungen vom Normalzustand zu sein. Für manche gehören sie wie ständige Begleiter zum Leben. Es braucht innere Disziplin und Kraft, dass man nicht in seiner gesamten Identität mitgerissen wird von der Enttäuschung oder Bitterkeit, die Schmerzen mit sich bringen. Wie angenehm wäre es, wenn unser Wachstum sanft, vorhersagbar und schmerzfrei wäre. Aber eher das Gegenteil trifft zu. Tief greifende und anhaltende Veränderungen gehen meist mit Schmerzen einher.

Was bleibt uns also, wenn dunkle Schmerzwolken im Körper aufziehen? Durchhalten, durchstehen, die Zähne zusammenbeißen, sich zurückziehen, hadern, kämpfen, klagen? Es macht einen großen Unterschied, ob man sich in das verstricken lässt, was Schmerzen verursacht, oder ob man aus einer gewissen Haltung heraus loslassen und Abstand halten kann. Am Extremfall lässt es sich verdeutlichen: Wenn Schmerzen übermächtig werden, dann können sie unter Umständen unser Bewusstsein auslöschen. Wir werden ohnmächtig. Das ist die geheime Kraft des Schmerzes: Setzen wir ihr nichts entgegen, so raubt uns der Schmerz etwas von unserem Bewusstsein. Versuchen wir hingegen dem Schmerz etwas entgegenzuhalten, dann sind wir ein Stück kräftiger, bewusster und reifer geworden. Wir haben dem Schmerz etwas abgerungen, das uns weiterbringt.

Schmerzen abzufedern braucht eine Elastizität, die immer wieder aktiv erbracht werden will. Die Entscheidung, Schmerzen anzunehmen, kann trainiert werden. Es braucht innere Disziplin, sie anzunehmen und sich dennoch nicht von ihnen überwältigen zu lassen. Der Psychotherapeut Henning von der Osten legt nahe: „Befreunde dich mit deinem Schmerz!" Die Entscheidung, seinem Schmerz freundlich gegenüberzutreten, braucht Optimismus und Geduld. Denn es geht nicht darum, ihn loswerden zu wollen, sondern sich ihm zu öffnen. Wer Schmerzen loswerden will, macht sie zum Problem, das es abzuwenden gilt. Das trübt die Sicht, man schaut und hört nicht mehr hin, weil man den Schmerz als Gegner empfindet. Schmerzen, die man abwehrt, können nicht mehr sprechen und deshalb auch keine Botschaft mehr geben. Sie verziehen sich in die dunklen Ecken unseres Wesens, graben sich tiefer ein und machen uns noch hilfloser. Das Problem ist nicht der Schmerz an sich, sondern der Wunsch, ihn abzuwehren oder ihm zu entkommen. Wer aber den Schmerz annimmt, wird weicher und friedlicher und erfährt dabei etwas von der einfachen Erkenntnis: Was man sein lassen kann, lässt einen sein. Auf eine Kurzformel gebracht: Abwehr bringt Fortdauer, Seinlassen löst auf.

Die eigenen Lebensumstände annehmen, auch wenn sie schmerzlich sind, ist sicher das wichtigste Werkzeug für persönliche Veränderung. Aber was bedeutet „annehmen" eigentlich? Annehmen heißt vorbehaltlos Ja sagen zu dem, was ist – Enttäuschungen, Schmerzen, Erreichtes, Erlittenes. Ein schwer erkrankter Freund nannte es „den Seufzer der Seele" – das tiefe Durchatmen, die offenen Hände und leisen Tränen, die sagen: „Ich nehme an, was ist", „Es ist gut so", „Einverstanden", „Wenn es denn so sein soll ..." Viele unserer Krisen, Kämpfe und Rebellionen entstehen, weil wir Abwehr und Widerstand leisten gegen das, was sich augenblicklich in unserem Leben zuträgt. Die Gefangenschaft durch Sturheit und Beharren beschwert und schmälert den Lebenshorizont erheblich, während Akzeptanz den Blick für eine weite Sicht freigibt. Wer loslässt, wird leichter und freier. Es ist, als würde sich das Druckventil öffnen und der Dampf dürfte aus dem Topf entweichen.

Was geschieht, wenn wir loslassen? Zunächst einmal entspannen wir. Der Herzschlag, die Muskelspannung und das Energiepotential verwandeln sich, wir werden weicher und schwingen wieder. Unsere Aufgabe ist es, aus vollem Herzen Ja zu sagen zu den Realitäten unseres Lebens, meint die Autorin Natalie Goldberg. Man kann diese Aufgabe schon im Kleinen und in jedem Moment üben. Man braucht sich nur umzusehen, wo man sich gerade befindet, spüren, wie man sich fühlt und sich innerlich dazu entschließen, das zu würdigen, was gerade ist, ohne es zu bewerten. „Das ist mein kleines Arbeitszimmer, mein Partner, mein Kind ... das ist mein Gewicht, mein Aussehen, meine Haut, mein Schmerz, meine Erwartung, mein Hoffen ... Es ist gut so, wie es ist." Der Verzicht auf Forderungen und Bedingungen macht die Seele offen für Dankbarkeit. Alles, was wir annehmen, beseitigt die

Spuren der Kämpfe, mit denen wir uns das Leben schwer machen.

Daneben gibt es eine weitere Möglichkeit mit Schmerz umzugehen, die mit der genannten verwandt und ebenso wirkungsvoll ist. Statt auf den Schmerz zu fokussieren, kommuniziert man mit ihm, indem man sagt: „Schmerz, ich verstehe dich nicht." Nur diesen einen Satz. Kein Urteilen, Bewerten, Klagen oder Fragen, sondern nur entspannen und immer wieder denken: „Ich verstehe diesen Schmerz nicht." Wenn man etwas nicht versteht, kann man auch nichts tun außer anzunehmen, was gerade ist. Das hat nichts mit Ignoranz oder Verweigerung zu tun, sondern eher mit dem Wissen um die Unberechenbarkeit des Leidens. Denkt man hingegen: „Warum widerfährt mir das? Was habe ich falsch gemacht?", dann wird sich wenig ändern, außer dass man immer angespannter und das Denken immer enger wird. Durch das Annehmen des Nichtverstehens begibt man sich in eine Haltung, die jenseits von Kontrolle, Kampf, Wut, Manipulation und Rationalisierung liegt. Man ebnet den Weg zur Versöhnlichkeit. Das vermeintliche Verstehen fällt weg und eine Haltung des Friedens und der Offenheit kann sich Raum schaffen.

Verlust als Lektion

Solange wir lebendig sind, können wir, egal wie geschickt wir es anstellen, Verlusten nicht entkommen. Verluste sind Teil des Lebens, das uns zwar mit unverdienten Freuden beschenkt, mitunter aber auch übel mitspielt. Das Leben ist keine Gleichung, die aufgeht, vielmehr ist es ungerecht im Guten wie im Schlechten. Dort wo wir uns unsäglich anstrengen, werden wir nicht belohnt, und dort, wo wir nicht einmal im Traum etwas erwarten, werden wir manchmal unverhofft beschenkt.

Unfassbares, Überwältigendes, Scheußliches kann uns an den Rand der Belastbarkeit bringen oder an Grenzen, wo sämtliche vertraute Regeln außer Kraft gesetzt sind. Immer dann, wenn Schreckliches passiert, können Menschen es nicht fassen, dass ihre Welt noch kurz zuvor ganz anders war. Verzweifelt will man die Zeiger der Zeit zurückdrehen, das Jetzt rückgängig machen, obwohl man genau weiß, dass nichts rückgängig zu machen ist. Es sind Menschen, die Angehörige durch einen Unfall verloren haben, durch eine Naturkatastrophe oder gar durch einen erschütternden Terrorakt. Nach dem 11. September 2001 waren an den Wänden der U-Bahn-Stationen verzweifelte Sätze zu lesen. Immer wieder tauchte dabei das Wort „Loslassen“ auf. Dort wo keine Vernunft mehr hinreicht, wo hilflose Verzweiflung herrscht, kann nur noch eines helfen: Loslassen.

Loslassen entspricht der Logik des Verzeihens, des Nachgebens und der Sehnsucht nach Versöhnlichkeit. Auch wenn der

Tag heute hart und schmerzvoll sein sollte, auch wenn man nicht mehr neugierig ist, wie sich das Leben weiter drehen und wenden mag, so bleibt doch eines: Man ist am Leben, und man hat die Wahl, wie man diesen „schwarzen" Tag erlebt oder überlebt. Trotz Schmerz und Verzweiflung entstehen oft gerade und trotz allem aus dem Unfassbaren Momente des Friedens, der Zustimmung und des Aufgehobenseins in einem größeren Ganzen. Auch wenn es nur ein Moment ist, in dem sich plötzlich die lichte Seite zu Wort meldet, ein Bruchteil einer Empfindung von Dankbarkeit oder ein Augenblick, den man nicht wegwünscht – selbst im tiefsten Leid ist es noch irgendwie möglich, die Geschenke des Augenblicks anzunehmen. Dies geschieht vor allem dann, wenn man sich befreit von den tief verwurzelten Wünschen nach Gerechtigkeit. Sie beiseite zu legen und anzunehmen, was ist: darin liegt das Erlösende und Versöhnende.

Loslassen befreit aus der Enge der Enttäuschungen über verlorene Chancen, begangene Fehler, zerbrochene Träume. Diese Haltung kann nicht durch Kraftakte erzwungen werden, vielmehr lädt die Hoffnung dazu ein. Loslassen bedeutet nicht die Nivellierung von Gut und Böse, von Recht und Unrecht und auch nicht Kapitulation. Es ist dort angesagt, wo keine Gerechtigkeit, keine Strafe und keine Wiedergutmachung mehr möglich sind. Loslassen bringt eine andere und weitere Dimension der Versöhnlichkeit, in der man frei wird für neues Erleben. Selbst wenn der Tag heute verlustreich oder nicht lebenswert scheint und man nicht mehr in der Lage ist, seine Gaben und Kostbarkeiten zu sehen, selbst wenn es niemanden gibt, den man anrufen kann, kein Vergnügen, das man genießen und kein Lächeln, das man teilen kann – dann bleibt immer noch eines: Man schenkt diesen Tag einem anderen Menschen, der ihn gebrauchen könnte.

II.

LOSLASSEN ALS AUFGABE

Gelassenheit ist lernbar

„Die Dinge an sich sind kaum je gut oder schlecht“, meinte Shakespeare, „erst unser Denken lässt sie so werden.“ Wie wir etwas wahrnehmen, wird davon beeinflusst, wie wir es bewerten. Während der eine mit wildem Herzklopfen reagiert, wenn er sein Auto durch die Innenstadt manövrieren muss, fühlt sich der andere inmitten des Verkehrsgewühls aktiviert und stimuliert. Selbst bei positiven Ereignissen wie bei einem überraschenden Besuch, einem unverhofften Geschenk oder der Rettung aus einer misslichen Lage, werden die Stresshormone aktiviert. Eine gewisse Dosis an Stress brauchen wir alle. So wird die Leistungsfähigkeit vor Prüfungen oder Auftritten durch Stress erhöht. Aber wie gewinnt man die nötige seelische Stärke in Situationen, die einen an die Grenzen der eigenen Frustrationstoleranz bringen? Nichts ist schlimmer als Situationen ausgesetzt zu sein, in denen man sich ohnmächtig und hilflos fühlt – im Großen wie im Kleinen, für einen selbst oder für andere, an deren Schicksal man teilhat. Ich finde nur eine Antwort: In Situationen, die nicht zu ändern sind, bleibt nur: annehmen, loslassen, gelassen bleiben. Der verloren gegangene Koffer, der unauffindbare Schlüsselbund, die geplatzte Verabredung, das gebrochene Versprechen – in solchen Situationen passt der bekannte Spruch: „Gib mir die Kraft, das gelassen hinzunehmen, was ich nicht ändern kann, den Mut, das zu ändern, was ich ändern kann und die Weisheit, zwischen beiden Dingen unterscheiden zu können.“

Wie geht man mit Situationen um, in denen es nicht mehr um den Mut, etwas zu ändern oder um die Weisheit der Unterscheidung geht, sondern um die Kraft, etwas gelassen hinzunehmen? Woher nimmt man diese Kraft? Was bedeutet sie und wie kann man sie erlangen? Eine Möglichkeit liegt im rechtzeitigen Spannungsabbau durch Bewegung: Man kann Treppen rauf- und runterrennen, laufen oder zur Spannungsregulation den Kopf so lange unter kaltes Wasser halten, bis der Atemreflex einsetzt. Die innere Gelassenheit taucht aber erst auf, wenn ich meine Einstellung zu dem Ereignis verändere. Das heißt, wenn ich das, was ich jetzt habe, nicht mit dem vergleiche, was ich mir gewünscht habe. Dann nämlich wird es möglich, das zu erfahren und zu erleben, was gerade ist – selbst wenn es nur wenig oder völlig anders ist. Statt Widerstand zu leisten, geht es um das beherzte Annehmen dessen, was gerade ist. Im Widerstand liegen Wut und Schmerz, im Annehmen liegen Versöhnlichkeit und Frieden.

Auch wenn vor rund 2000 Jahren ein Stern über Bethlehem die Welt erhellte, vergessen wir immer wieder dieses Symbol, das uns den Weg zeigt, wie man ein Licht dorthin bringen kann, wo es dunkel scheint, wo Widerfahrnisse, Enttäuschung, Angst und Schrecken sich verbreiten. Obwohl das Leben uns immer wieder mit Widerfahrnissen aufwartet, – meist sind es ja die Kleinigkeiten, die uns nerven –, haben wir die Wahl, das Strahlen der Gelassenheit immer wieder zu suchen. Wir können entscheiden, wie wir auf das Widerständige, Unwägbare reagieren, ob wir es annehmen oder uns innerlich dagegen stemmen und aufbegehren.

Wer das Leben als spannende Herausforderung begreift, läuft weniger Gefahr, sich über alltägliche Widrigkeiten aufzuregen. Akzeptieren, loslassen und gelassen bleiben lässt sich aber nicht erzwingen. Wird es zum Kampf oder Krampf, so verliert man mit Sicherheit. Man kann es einfach geschehen lassen: Sich öffnen, bereit sein für Überraschungen, Veränderungen, Unerwartetes, Unverhofftes. Ein Bild dafür ist der Baum. So wie er seine Blätter lautlos und leicht, ohne etwas zu stören oder zu zerstören, verliert und dem Wind anvertraut, können wir unsere Erwartungen, Urteile und Vorurteile fallen lassen – leicht wie die Blätter im Wind. Nicht vergleichen, nicht werten, nicht urteilen und erst recht nicht verurteilen. Weder andere noch sich selbst.

Gelassenheit ist erlernbar, wenn man aufhört, sich als Opfer von Umständen zu empfinden. Man hat die Wahl, ob man sich als Opfer sieht oder ob man sich entscheidet, das anzunehmen, was einem widerfährt. Selbst das lausigste Wetter, das verpatzte Abendessen oder der missgelaunte Partner können so zu Herausforderungen werden, die an die eigene seelische Stärke appellieren. Gelassenheit ist jedoch nicht zu verwechseln mit Gleichgültigkeit. Sie hat viel mehr mit Mut und Gleichmut zu tun. Vielleicht mit dem Mut zu vertrauen, dass alles, was geschieht, mich ein Stück weiterbringt auf meinem lebenslangen Übungsweg in Sachen Gelassenheit. Wäre nicht schon viel gewonnen, wenn man begreift, dass all das, was nicht in unsere Pläne und vorgefassten Meinungen passt, eine Bedeutung hat? Wenn sie auch nur darin besteht, die eigene seelische Stärke und Geduld zu üben. Das wäre schon viel.

Gelassenheit erreicht man nicht mit einem einzigen Akt der Entscheidung. Man erlangt sie durch einen Weg, der ein langer, mitunter sogar lebenslanger Prozess sein kann. Vielleicht ist er nie ganz abgeschlossen. Und das ist nicht schlimm: Hauptsache, man ist auf dem Weg und verliert dieses Licht der Gelassenheit nicht aus den Augen.

Den Gang herunterfahren

■ ■ ■

Stress existiert, weil wir insistieren, so könnte man es auf eine Kurzformel bringen. Das klingt vielleicht banal. Aber ist es nicht letztlich der Anspruch, das Leben in den Griff zu bekommen, ihm unseren eigenen Stempel aufzudrücken, der uns antreibt? Der Anspruch, Macht über das eigene Leben auszuüben, beruht auf einer Wunschvorstellung. Wer sein Leben in den Griff bekommen will, dem entgleiten die Zügel nur allzu leicht, das weiß jeder, der sich bemüht und plötzlich erkennen muss, dass er scheitert. Die Realität hat ihre eigenen Gesetzmäßigkeiten und Konstellationen. Wir können sie nur annehmen oder uns im Kampf gegen sie wund reiben. Gegen das Leben ist kein Kraut gewachsen, heißt es im Volksmund. Warum sollte man das Leben antreiben, wenn es auch möglich ist, mit dem Rückenwind des Lebens zu gehen? Der Vergleich mit dem Drachenfliegen bietet sich an: Wenn man einen Drachen in die richtige Stellung bringt und mit dem Wind fliegen lässt, fliegt er wie von selbst.

Ich denke an eine Szene in einem Restaurant. Ein Mann und eine Frau sitzen an einem Tisch und sprechen sehr angeregt miteinander. Beide sind entspannt, offen und lächeln immer wieder. Je länger das Gespräch sich hinzieht, desto mehr richtet er sich in seinem Stuhl auf. Sein Gesicht erhält einen angespannten Ausdruck, ihr Lächeln wird immer spröder und schmallippiger. Jeder sendet Signale: „Dränge mich nicht",

„Gehe nicht zu weit", „Lass mich in Frieden". Diese kurze Episode macht deutlich, wie wir reagieren, wenn etwas nicht nach unseren Absichten und Wünschen verläuft. Dann üben wir Druck oder Macht aus. In Beziehungen, am Arbeitsplatz oder zu Hause, stets ist es das gleiche Muster – mit Druck, Zwang oder Gewalt versuchen Menschen ihre Vorstellungen durchzusetzen. Wer Macht besitzt oder nicht, scheint ausschlaggebend zu sein dafür, wer Druck ausübt oder gedrückt wird. Doch bei diesem Wechselspiel verlieren alle, weil Druck weder nötig noch sinnvoll ist.

Es gibt einen Ausweg aus diesem leidigen Muster – innehalten und einen Gang herunterfahren. Dieses Innehalten schafft Abstand. Das Rechthaben ist nicht mehr so wichtig, und das Vertrauen in eine Haltung des aufmerksamen Geschehenlassens tritt ein. Selbst wenn man nicht alles im Griff hat, wächst paradoxerweise gerade das Vertrauen in das, was das Leben im Moment an Komik oder Dramatik bereithält.

Der Glaube an die Machbarkeit von Erfolg und der Anspruch, das Leben kontrollieren zu können, betrifft vor allem den Bereich der Arbeit. Immer mehr Menschen lassen sich von ihrer Arbeit derart in Beschlag nehmen, dass es kaum mehr Raum für anderes gibt. Aber nur wenige gestehen sich ein, dass sie arbeitssüchtig sind. Manche geben zwar zu, dass sie gewisse Tendenzen in diese Richtung zeigen. Diese so genannten Tendenzen lauten aber häufig: sieben Tage pro Woche arbeiten; den PC einschalten, sobald die Kinder im Bett sind; Arbeit für das Wochenende nach Hause mitbringen; Verabredungen absagen, weil man noch eine Sache erledigen muss; Ferien zu „Business-Reisen" umfunktionieren; immer und überall mit dem Handy erreichbar sein. Sind das wirklich nur Tendenzen?

Wenn man sich dabei ertappt, dass man seine eigenen Interessen wegen irgendwelcher Abgabetermine oder geschäftlicher Verabredungen immer wieder verschiebt, wenn man denkt: „Das kann doch nicht alles sein“ oder „Das macht mich regelrecht krank“, dann ist die Zeit gekommen, sich und seinen Arbeitsstil ernsthaft in Frage zu stellen. Diese Signale sind ernst zu nehmende Alarmzeichen, die gehört werden wollen. Und so wie man dieser schleichenden Verführung durch immer mehr Arbeit erlegen ist, kann man sich von ihr in kleinen Schritten auch wieder befreien. Es können ruhig Kinderschritte sein wie beispielsweise die Arbeit mit nach Hause nehmen, sie aber nicht erledigen. Oder den Anrufbeantworter am Abend und am Wochenende anstellen, sich alle zwei Wochen einen freien Tag zugestehen, nach dem Abendessen nur noch Gespräche mit Freunden oder Familie führen oder Entspannendes genießen, den Sonntag mit der Familie verbringen und hin und wieder einmal frei machen, *obwohl* man es nicht unbedingt nötig hätte.

Ich gebe zu, unsere Gesellschaft unterstützt jene besessene, puritanische Arbeitsethik mehr denn je. Rund um die Uhr zu arbeiten scheint erstrebenswert, außerdem sollte man dank der neuen Medien möglichst ununterbrochen erreichbar sein. Dennoch könnte man sich hin und wieder fragen: Wozu? Welchen Sinn macht es? Samuel Johnson gab eine Antwort, die bedenkenswert erscheint – „um zu Hause glücklich zu sein“. Warum arbeitet man so viel? Um zu Hause glücklich zu sein. Aber was nutzt diese Einsicht, wenn man nie zu Hause ist – weder im Körper, im Geist, noch in der Seele –, weil man immer arbeitet? Vielleicht sollte man diesen Satz als Mantra benutzen, wenn man sich wieder einmal von der Arbeit vereinnahmen lässt. Ein Mantra, das uns daran erinnert, dass es nichts Schöneres gibt, als den Weg nach Hause zu finden.

Geheime Phantasien

■ ■ ■

Die Kehrseite hektischen Getriebenseins und der Besessenheit von Verpflichtungen und Anforderungen ist eine Phantasie, die nur wenige auszusprechen wagen. Sie hat etwas Verbotenes, Tabubehaftetes an sich. Ich nenne diese Phantasie die „Müsli-oder-Spiegelei-Phantasie". Die Koordination von Lebensrhythmen, die Notwendigkeit der Rücksichtnahme, die Unterbrechung von eigenen Handlungsabläufen und die Ausrichtung auf die Bedürfnisse anderer drängen eigene Bedürfnisse und Wünsche zurück. Man entwickelt das Gefühl, man wird gelebt, statt selbst bestimmen zu können, wie man gern leben würde. Fluchtgedanken kommen auf, man dreht sich im Kreis und ist gefangen in unaufhörlicher Hektik. Plötzlich wird der Gedanke „Nichts wie weg" reizvoll – ein überwältigender Impuls zu verschwinden, alles stehen und liegen zu lassen. Oft genügt es, solch eine Phantasie einfach nur gedanklich durchzuspielen. Man stellt sich vor, wie man sein Konto plündert, die Koffer packt und ein Flugticket Richtung Süden bucht – Hinfahrt genügt, versteht sich – und dann im Land seiner Träume eine neue, völlig andersartige Existenz beginnt. Keine Fragen mehr beim Frühstück „Müsli oder Spiegelei", „Kaffee oder Tee", „Zeitung oder Bibel", keine Rechnungen, Mahnungen, Steuererklärungen oder Einkäufe. Keine Beschäftigung mehr mit Fitness, Gewichtssorgen oder Vitaminpillen, keine festgefahrenen Abläufe, keine leeren Beziehungsrituale, keine

24-Stunden-Verantwortung mehr. Ausstieg aus den Zwängen des Alltags. Wie ein Krebs möchte man die zu klein gewordene Schale abwerfen und sich unter die Steine zurückziehen, bis eine neue Schale nachgewachsen ist.

Natürlich gestatten wir uns solche Ausbruchspläne nicht wirklich, aber manchmal hilft selbst ein imaginärer Ausstieg, um ein wenig Dampf abzulassen und wenigstens in der Phantasie neu zu beginnen. Wer wird nicht irgendwann müde von den ewig gleichen Runden alltäglicher Verpflichtungen, den unausweichlichen Anforderungen und dem ständig vollen Terminkalender? Das Bedürfnis nach Auszeit drängt sich zu Recht in unser Bewusstsein. Folgende Geschichte soll dies illustrieren: Eine Frau, 39 Jahre alt, brachte ihre beiden Kinder zur Schule und verschwand daraufhin auf Nimmerwiedersehen. Ihre von Panik erfüllte Familie rief daraufhin die Polizei an und eine intensive Suche begann. Jeder befürchtete das Schlimmste, denn man kannte sie bisher als äußerst zuverlässige, pflichtbewusste und engagierte Ehefrau, Kirchengemeinderätin und Mutter, höflich und zuvorkommend, gebildet und in besten Verhältnissen lebend. Nach drei Tagen kehrte sie zurück, verwirrt über ihr eigenes Verhalten, über die Sorgen und Nöte, die sie verursacht hatte. Ihr Leben war eben nicht so perfekt, wie es nach außen hin schien. Reale Leben sind das in der Tat auch meist nicht, selbst wenn die Fassade nach außen gut poliert ist. Fragt sich nur, weshalb diese Frau nicht anrief, um ihre Familie zu entlasten und mitzuteilen, dass sie wohlauf sei. War sie psychisch gestört? Krank? Keiner kennt ihre wahren Motive. Womöglich war ihr Verhalten in dieser Situation das Nächstliegende und Gesündeste, was sie tun konnte. Eines ist sicher: Sie war verzweifelt, kopflos, impulsiv, aber nicht unbedingt verrückt. Vielleicht lernt man einen ganz neuen Menschen kennen, wenn man versucht sich in ihre Lage zu versetzen und nicht gleich zu urteilen.

Um die eigene Seele zu retten, muss es nicht immer gleich der große Ausbruch sein. Oft genügt es, in die Stille und Ruhe bei sich einzukehren. Doch es ist auch ernst zu nehmen, wenn die eigenen Gedanken plötzlich nur noch um Flucht und Ausstieg kreisen. Dann steht eine Wandlung, ein inneres Loslassen an. Wir kommen nicht darum herum, uns mit der Realität unseres Alltags auseinander zu setzen. Deswegen sind Fluchtphantasien höchst therapeutisch. Sie zeigen die rote Flagge auf, die uns warnen will und unüberhörbar darauf hinweist, dass unser Alltag oder zumindest ein Teil davon uns überfordert und „verbraucht" hat. Veränderungen sind angesagt, neue Möglichkeiten müssen ausgehandelt werden. Vertraute Gespräche und Aussprachen mit allen Beteiligten sind vonnöten, die nicht vorschnell abgebrochen, sondern zu Ende geführt werden müssen, damit keine Reste bleiben, die unter der Oberfläche weiterbrodeln. Selbst wenn die anderen nicht folgen können, muss das nicht unbedingt zu Entfremdung oder einem Beziehungsabbruch führen. Selbstverantwortung und notfalls sogar Verzicht auf die Zustimmung und Resonanz von außen geben die Sicht frei für neue Entwicklungsschritte. Man muss nicht weglaufen und alles über Bord werfen, wenn man gelernt hat, rechtzeitig „STOP" zu sagen.

Prioritäten sind nicht aus Granit

Für viele Menschen steht vor allem eines an oberster Stelle in ihrem Leben: irgendwie durch den Tag zu kommen. Diese Lebensweise ist das Resultat einengender, ausgefeilter Gewohnheiten, die einen derart einnehmen, dass selbst unsere Gedanken sich ausweglos im Kreis drehen. Anforderungen, nahe stehende Menschen, Banalitäten des Alltags binden die eigenen Kräfte, so dass sich der Weg des geringsten Widerstandes oft als der einzig gangbare erweist. Man hält es irgendwie aus und lässt sich von den „zentrifugalen Kräften" des Alltags herumwirbeln, wie Anne Morrow Lindbergh sie treffend nennt. Für eine kritische Bilanz bleibt keine Zeit, deswegen können sich auch keine Veränderungen einstellen. Neuorientierung kann sich aber nur anbahnen, wenn wir zur Bestandsaufnahme bereit sind, uns unserer Prioritäten bewusst werden und sie neu gewichten.

Prioritäten setzen heißt: sich zu fragen, welche Wünsche oder Aufgaben man anderen, gleichartigen vorzieht. Diese Wahl ist eine höchst persönliche und individuelle Angelegenheit, weil nur jeder selbst definieren und entscheiden kann, was das eigene Leben sinnvoll und lebenswert macht. „Für mich ist es die Stille am Morgen, die ich mit niemandem teilen möchte", meint eine Frau, die sich nach dem Auszug des letzten Kindes wie neugeboren fühlt. Eine allein stehende ältere Dame wählte als Faustregel: „Ich bin der wichtigste Mensch in meinem Leben. Die Beziehung zu einem Mann ist längst nicht mehr meine Priorität. Ich glaube nicht mehr daran, dass mich ein Mann erlösen könnte." Auch eine Orchestermusikerin kam zu einem ähnlichen Schluss: „Meine Musik hängt wesentlich von meiner Konzentration ab. Die Zeit, die ich habe, gehört dem Üben. Natürlich wäre es schön, ein wenig Zärtlichkeit zu haben, aber schon allein der Gedanke, ich müsste dann immer kochen – ohne Rücksicht auf meinen Tagesablauf – wäre mir ein Alptraum." Und eine Hausfrau beschreibt, wie sie zwischen den Prioritäten hin- und herjongliert: „Wie froh bin ich, wenn mein Mann auf Reisen ist, dann ist mein Leben viel einfacher. Ich räume nicht auf, koche nicht, trage nur weite Pullover und Jeans und kann endlich das tun, was mir wirklich Spaß macht. Kaum ruft er an, um mir mitzuteilen, wann er kommt, dann läuft wie auf Knopfdruck das andere Programm: putzen, aufräumen, kochen, adrett sein. Seit Jahren ärgere ich mich über meine ‚Schizophrenie', aber ich bin eben so vorprogrammiert."

Es ist nie zu spät, Prioritäten neu zu definieren. Aber es braucht Mut und Entscheidungsfreudigkeit, denn von alten Mustern, Rollen und Seinsweisen kann man sich meist nur schwer trennen. Manchmal werden wir dazu gezwungen, wenn beispielsweise unser Körper danach verlangt, wenn Schlafmangel oder Müdigkeit sich nicht mehr so einfach ignorieren lassen. Mit fortgeschrittener Lebenserfahrung erhält vor allem die Zeit eine neue Dimension. Man ist nicht mehr so kompromissbereit. Tiefe Freundschaften und das Bedürfnis nach vertrauten Gesprächen können wichtiger werden als die Quantität zwischenmenschlicher Kontakte und das „Dabeisein". Soziale Verpflichtungen und öffentliche Anlässe werden abgewogen zugunsten von mehr Zeit für die eigene

Person oder mehr Hinwendung zu einem Du, das uns braucht.

Prioritäten sind nicht in Stein gemeißelt. Sie müssen flexibel sein, weil unsere Geschichte immer wieder eine andere ist. Neue Lebensthemen verlangen ein Ausbalancieren neuer Prioritäten, vergleichbar mit einem Wechselrahmen, in den wir immer wieder neue Bilder, Motive und Szenen einspannen. Der Rahmen gibt die verlässliche Struktur, und die geschaffenen Kunstwerke verleihen ihm Leben.

Es braucht ungestörte Räume, Zeit und die Entschlossenheit, für eine Weile ohne deutliche Markierungen zu leben, damit man den Blick langsam in eine neue Richtung wenden kann. Das kann Angst machen. Vielleicht schieben deshalb viele diese Entscheidungen vor sich her und klammern sich so lange es irgendwie geht an das, was sie kennen. Vor allem wenn man sehr eingespannt ist, besteht die Gefahr des Kontaktverlustes mit den eigenen inneren Werten, wenn man nicht rechtzeitig anhält und neu definiert, was einem wesentlich und heilsam ist. Man kann natürlich den Kopf in den Sand stecken und ewig so weitermachen. Irgendwie geht es ja immer noch. Dann braucht es eben ein Gläschen mehr am Abend, um das Nachdenken zu blockieren, oder ein paar Tassen Kaffee, um sich weiter anzutreiben, oder eine Kurzkur, nach der man anschließend noch frenetischer weiterarbeitet. So zumindest erstarrt das Leben zur todsicheren Routine im wahrsten Sinn des Wortes.

Wer nicht loslässt, dem wird entrissen. Deswegen brauchen wir ein Gegengewicht zu den „zentrifugalen Kräften", die an uns zerren. Auch wenn es nur eine kleine Ration pro Tag ist, die wir zu unserer Priorität machen, so wäre schon einiges gewonnen. Ruhige Zeit, bei sich selbst sein, lesen, spazieren, Musik hören, das könnten persönliche Oasen sein, die uns daran erinnern, dass unsere Priorität auch uns selbst gelten sollte. Und wenn es nur ein Blumenstrauß ist, den wir uns hin und wieder selbst schenken und auf unsere eigene Art arrangieren. Prioritäten sind nicht in Granit gemeißelt, sie kommen auch in Gestalt eines Blumenstraußes daher.

Ziele sind keine Imperative

Eigentlich haben wir schon innerlich gekündigt, aber es fehlt der Mut zum Wechsel des Arbeitsplatzes, zum Abbruch eines erfolglosen Projektes oder zur Beendigung einer verkümmerten Beziehung. Die fruchtlosen Diskussionen, in die wir uns immer wieder verstricken lassen, obwohl wir wissen, dass sie reine Energieverschwendung sind; der Kinderwunsch, den wir nicht verabschieden, obwohl die Würfel schon gefallen sind; die endlosen Diätversuche, obwohl das Gewicht immer zäher an den Hüften klebt – drei unterschiedliche Szenarien, die alle eines gemeinsam haben: trotz gewonnener Einsicht setzen wir unser Wissen nicht in die Tat um. Wir halten an unseren selbst gesteckten Zielen mit einer Beharrlichkeit fest, die mitunter an Dummheit grenzt. Aber was steckt dahinter?

Aufzugeben oder aufzuhören braucht eine gehörige Portion Mut und Selbstvertrauen. Schließlich spielt in unserer Gesellschaft das Streben nach Erfolg und Leistung eine große Rolle. Ein Student sagte es pointiert: „Aufgeben ist das Eingangstor ins Abseits." Wer vom Aufgeben spricht, zeigt die Grenzen seiner Belastbarkeit oder gar einen Mangel an Durchsetzungskraft. Aufgeben birgt konkretere Bedrohungen als nur den Verlust des eigenen positiven Selbstbildes. Man fühlt sich aufgegeben, weil der soziale Zuspruch ausbleibt und die Scheinwerfer bewundernder Aufmerksamkeit sich abwenden.

Aufhören, aufgeben, Abstand nehmen sind Entscheidungen, die Reflektion brauchen. Man muss nachdenken, Gefühle nach oben kommen lassen – und das braucht Zeit. Körper, Geist und Seele wollen miteinbezogen und bedacht werden. „Ich gebe auf, obwohl es schwer fällt“, „Ich treffe diese Entscheidung ganz bewusst“, „Ich kapituliere“ – solche Sätze brauchen den Mut hinzuschauen, dass man sich verrannt, verirrt oder festgefahren hat. Und es bedarf der Entschiedenheit zu sagen: „Bis hierher und nicht weiter.“ Das bedeutet: Grenzen setzen, für sich selbst einstehen. Manchmal fügen wir uns bei diesen unvermeidlichen Entscheidungen selbst unnötiges Leid zu, indem wir weiter auf für uns schädliche Koordinaten in unserem Leben bestehen. Sich von Zielen zu lösen verlangt ein gehöriges Maß an Transparenz gegenüber den eigenen Selbsttäuschungen, Selbstüberschätzungen und der Einsicht in das Maß an Verantwortung für das, was verkraftbar und bekömmlich ist. Manchmal heißt es ganz schlicht erst einmal: Bilanz ziehen und eine Pause einlegen.

Der Feind des Aufgebens ist die Orientierung an sozialen Ködern, die uns verführen: „Mach weiter, solange du kannst!“, „Wenn du etwas willst, musst du es haben – koste es, was es wolle“, „Mach dich bemerkbar, sonst wirst du übersehen“. Unangenehme Wahrheiten, derer man sich irgendwie bewusst ist, kann man verdrängen, wenn man diesen verlockenden Botschaften auf den Leim geht. So verliert man an Selbstrespekt.

Es ist nicht nur unser Recht, uns rechtzeitig von Zielen zu lösen, es ist die Verantwortung uns selbst gegenüber, die danach verlangt. Wer zu lange an unrealistischen, fragwürdigen Zielen festhält, bringt sich um die Chance, sein Leben auf seine eigene Art zu leben. „Weshalb gibst du nicht auf?“, frage ich eine Pädagogikstudentin, die sich pausenlos bemüht, anderen gefällig zu sein. „Manchmal scheint es mir, als würde ich geradezu an meinen Problemen hängen, obwohl ich sie loswerden will.“ Ich glaube eher, dass wir uns an bestimmte Probleme gewöhnen, ähnlich wie wir uns an eine falsche Körperhaltung anpassen oder an das routinemäßige Ja, das uns unbedacht über die Lippen kommt. Es ist ungewohnt, ohne diese abträglichen Muster zu leben, obwohl wir es uns sehnlichst wünschen.

Es sind nicht nur Ziele oder Verhaltensmuster, an denen wir krampfhaft festhalten. Es können auch Rollenzuschreibungen sein, die uns auf gewisse Eigenschaften festlegen: der allzeit bereite Helfer, der traurige Clown, die blauäugige Optimistin, der witzige Entertainer. Es lässt unsere Persönlichkeit, unsere Besonderheit verarmen, wenn wir immer nur zuhören und nicht selbst sprechen, wenn wir immer derjenige sind, der einlädt, ohne uns einladen zu lassen, wenn wir immer derjenige sind, der alles weiß und nicht fragen kann. Manchmal werden uns von außen neue Rollen zugewiesen durch Heirat, Scheidung, eine neue Arbeitsstelle oder Krankheit. Das bedeutet nicht, dass man nicht mehr man selbst ist. Im Gegenteil: Es kann den Sinn dafür schärfen, wer wir wirklich sind und sein können.

Selbst wenn das Leben unfair ist, uns verrät und unsere Pläne und Ziele durchkreuzt, so ist es doch immer präsent, so dass uns äußere Widerfahrnisse oder Ereignisse, die außerhalb unserer Kontrolle liegen, nicht zerstören können. Das Entscheidende, selbst wenn wir zum Aufgeben gezwungen werden, ist doch, aus dem Zentrum des eigenen Wesens zu leben und nicht im Abseits oder als Fremdbestimmter.

Vielleicht ist es sogar ein Privileg, sich kleineren, unspektakuläreren Zielen zuwenden zu dürfen, die auf einen zugeschnitten sind. Menschen, die eine Atmosphäre der Leichtigkeit, Heiterkeit und Geborgenheit schaffen können, sind uns besonders sympathisch und lieb. Es geht darum, auf die leise Stimme in uns zu hören, die uns mitteilen will, was uns wirklich nährt, was unseren Körper lebendig macht, was unseren Geist befruchtet, wofür wir uns wirklich mit Leib und Seele engagieren wollen.

Ausgebrannt sein

Wie eine Kerze an beiden Enden zu brennen, ist riskant. Leider merkt man es oft erst, wenn der Rauch schon in den Augen brennt und sie zum Tränen bringt. „Burn-out“ – so lautet dieser Zustand in der Fachsprache – entsteht durch ein Ungleichgewicht: zu viel Arbeit und Verantwortung, zu wenig Zeit, sie zu erfüllen, über einen zu langen Zeitraum hinweg. Um in Bildern zu sprechen: ständig auf der Überholspur fahren und vergessen zu tanken oder das eigene Körper-Geist-Seele-Konto immer wieder überziehen, ohne etwas einzubezahlen. Wie oft denken wir: „Burn-out“, das trifft nur die anderen, die Firmenchefs, die TV-Stars, die professionellen Helfer, die Workaholics und die Perfektionisten. Aber wir alle sind gefährdet, sei es, dass wir uns in disharmonischen Beziehungen verzehren, von der Fürsorge um unsere Nächsten verschleißen lassen, in Unwesentlichkeiten verzetteln, in hektikerfüllten Engpässen ermüden. Vor allem Frauen sind betroffen, die im anstrengenden Triathlon von Familie, Haushalt und Beruf kaum mehr den Blick frei haben dafür, wie viel Akrobatik es braucht, all dies zu vereinbaren.

Vielleicht würden wir dem Überdruss und der Müdigkeit mehr Aufmerksamkeit schenken, wenn ein „Burn-out“ sich genauso drastisch äußern würde wie etwa ein Herzinfarkt oder ein Hirnschlag. Doch Ausgebranntsein zeigt sich in weniger dramatischen Symptomen: als Erschöpfung am Ende einer intensiven, anhaltenden Arbeitsphase. Die Anfälligkeit für Krankheiten steigt, und man versucht mit Rechtfertigungen, Schuldzuweisungen oder Selbstvorwürfen dieses Stadium zu erklären. Eine Woche Auszeit und ein Neubeginn mit herabgesetztem Arbeitstempo genügen meist, um sich wenigstens oberflächlich zu regenerieren.

Aber das Ausgebranntsein als Folge jahrelangen Ungleichgewichts und als kumulativer Effekt eines verzehrenden Lebensstils verlangt nach tiefer greifenden Konsequenzen, die die innere und äußere Lebenssituation neu definieren. Mit anderen Worten: Es braucht eine grundlegende Veränderung, die weit mehr ist als nur eine kurze Stille nach dem Sturm.

Wie erkennt man ein „Burn-out"? Häufig beginnt es ganz harmlos: immer wiederkehrende Verstimmungen, Leeregefühle vor allem in der Freizeit oder am Wochenende, Anfälligkeit für Schnupfen und Grippe, chronische Müdigkeit. Das Leben wird als Belastung empfunden, weil der Schlaf nicht mehr als Erneuerung oder Erfrischung erlebt wird und weil alles eine Anstrengung darstellt: die Einladung bei Freunden, das Aufräumen, die Telefonate. Man wird dünnhäutiger, zieht sich zurück und entwickelt undefinierbare Gefühle von Angst. Gefühle wie Unzufriedenheit und Selbstentfremdung verdichten sich. „Ich werde gelebt und lebe nicht mehr selbst", so die Worte eines Betroffenen. Angebote von außen, Anregungen und Abwechslungen zeigen kaum mehr Wirkung. Man steht neben sich und hat das Gefühl, die Welt schmeckt fahl. Nichts kann mehr Freude bereiten, alles ist irgendwie falsch, und es gibt keinen, der einem helfen könnte.

Das stimmt auch. Wenn man sich ausgebrannt fühlt, ist in der Tat man selbst die einzige Person, die das Ruder herumreißen kann. Kein anderer kann es für einen tun. Kein anderer kann einem die Entscheidung abnehmen, den eigenen zerstörerischen Lebensstil zu verändern, einen Gang herunterzufahren und innezuhalten. Niemand kann einem diesen Schritt abnehmen, denn nun ist der Punkt gekommen, an dem nur noch eines helfen kann: loslassen. Wie geschieht das? Zunächst einmal mit einer kritischen Selbstbilanz. Die ist nicht immer einfach zu ziehen, weil derjenige, der einem besessenen Aktionismus verfallen ist, im Allgemeinen davon überzeugt ist, er sei völlig normal. Es gilt also ernsthaft zu fragen, ob dieser tägliche Trott noch vernünftig ist und Sinn macht. Wer diktiert die eingefahrenen Abläufe, die hektischen Aktivitäten? Gibt es noch Distanz zu den Dingen des Lebens? Und die entscheidenden Fragen: Was brauche ich wirklich, um in meiner Existenz und in meiner Tätigkeit einen Sinn zu finden? Was muss ich aufgeben, um meinem innersten Wesen wieder näher zu kommen?

Entrümpeln macht frei

■ ■ ■

Papierberge auf dem Schreibtisch, ein überfüllter Kleiderschrank, volle Regale und Stapel von Zeitschriften, Katalogen und Briefen – all das kostet Zeit, Nerven und Lebenskraft. Häufig verbirgt sich hinter solchen Stapeln und Bergen eine tiefer sitzende Unordnung. Viele spüren das und hoffen auf Veränderungen durch äußere Bedingungen. „Wenn ich nur eine größere Wohnung hätte ...“, „Wenn ich mich endgültig von meinem Partner getrennt hätte ...“, „Wenn ich meine Prüfung bestanden hätte ...“, „Wenn ich mein Projekt abgeschlossen hätte ...“, „Wenn ich eine bessere Putzfrau hätte ...“, oder „ ... mal wieder richtig Ferien machen könnte, dann wäre alles ganz anders. Spätestens dann würde ich ganz bestimmt Ordnung in mein Chaos bringen.“

Diese Hoffnungen auf Veränderungen von außen erweisen sich in der Regel als trügerisch. Bald steht man wieder vor einem ähnlichen Durcheinander, weil sich die innere Einstellung nicht verändert hat. Jeder ahnt, dass sich die Ordnung in den eigenen vier Wänden auf unser Auftreten, unser seelisches Wohlbefinden und unsere Konzentrationsfähigkeit auswirkt. Es gibt sogar einen Zusammenhang zwischen Körpergewicht und verstopfter Wohnung. Menschen mit viel Gerümpel haben häufig Übergewicht. Möglicherweise wirkt sich das Horten von Material auch auf den Stoffwechsel aus, der dann ebenfalls auf Anhäufen und Horten umschaltet. Eine Frau erwähnte diese Wechselwirkung: „Wenn ich nicht mehr so zugemüllt bin, dann kann ich mich einfach nicht mehr so vollstopfen."

Oft fällt die Diät für die Wohnung leichter als die Diät für den Körper. Man braucht sich nur die abendliche Zufriedenheit vorstellen, die sich wie von selbst einstellt, wenn man seinen Arbeitsplatz einmal beherzt aufgeräumt hat. Ein entrümpelter Schreibtisch macht nicht nur friedlich, er ordnet auch die Gedanken. Es gibt einen ernst zu nehmenden Zusammenhang zwischen der Unordnung in der Umgebung und der Motivation zum Arbeiten. Chaos im Arbeitsbereich begünstigt das Aufschieben. Zuviel Energie wird gebunden durch Sammeln, Horten und das damit stets verbundene Verlegen, Vergessen und Suchen.

Von Tucholsky stammt der schöne Satz: „Die Basis einer gesunden Ordnung ist ein großer Papierkorb." Nur kommt man heutzutage mit einem normalen Papierkorb nicht sehr weit. Selbst in einem kleinen Haushalt ist ein stattlicher Müllsack wahrscheinlich das Minimum, um eine einigermaßen spürbare Wirkung zu erzeugen. Wir erhalten und erleben heute einfach von allem zuviel: zu viele Zeitungen, zu viel Werbung, zu viel Post, zu viele Programme, zu viele Anlässe, zu viele Angebote – und zu wenig von dem, was wesentlich ist. Wer es schafft, sich nicht zuschütten zu lassen von all diesem Überflüssigen, ist in der Tat ein anderer, zufriedenerer Mensch. Er ist frei und kann durchatmen und wird nicht erdrückt von all den Verführungen, die uns zurufen: „Lies mich", „Ordne mich ein", „Erledige mich".

Unsere Selbstgespräche verändern sich, sie werden origineller, lebendiger, wenn wir nicht dauernd dem Frontalangriff auf Körper, Geist und Seele durch dieses Chaos ausgesetzt sind. Natürlich fällt es schwer, sich dem Konsum mehr oder weniger zu entsagen. Aber eigentlich kostet nur der erste Schritt Überwindung. Hat man einmal damit begonnen, staunen die meisten über neue Kräfte, denn mit jedem abgetragenen Haufen kehrt auch ein Stück Erleichterung ein. Nicht nur der Arbeitsplatz, auch man selbst fühlt sich leichter. Man spürt sogar Lust, weiterzugehen als es die Pflicht verlangt. Plötzlich gibt es Raum für Fortbildung, Musik oder Theater. Und sogar in Beziehungsfragen fühlt man sich ermutigt, Ordnung und Klärung herbeizuführen. Befreiung der Seele muss also nicht immer von innen nach außen geschehen, sie kann sich auch von außen nach innen fortsetzen. Angefangen vom Schreibtisch über den Arbeitsplatz bis hin zu Beziehungen, Zeiteinteilung und Freizeitgestaltung.

Der große Müllsack ist eine durchaus nützliche Erfindung. Am besten beginnt man damit, alte Zeitungen, Broschüren, Kataloge, Unterlagen oder Bücher wegzuwerfen, in die man ohnehin nicht mehr hineinschaut. Daneben gibt es die leidigen Papierhaufen der Sorte „zu erledigen". Sie sind verführerisch, weil man meint, man würde sie nicht vergessen, wenn man sie anhäuft. Das Gegenteil ist der Fall. Liegen erst einmal genügend Schichten darüber, dann ist der Aufforderungseffekt dahin. Man neigt sogar eher dazu, sie zu vergessen, weil solche Anhäufungen von Unerledigtem demoralisierend wirken. Sie erdrücken einen, weil man das Gefühl entwickelt, man schafft es ja doch nie.

Was hilft? Henry David Thoreaus Heilmittel gilt noch heute: „Vereinfachen, vereinfachen, vereinfachen." Einen pragmatischen Hinweis dafür verdanke ich dem Autor Werner Tiki Küstenmacher: Drehen. Den Stapel um 90 Grad kippen und geordnet nach Aufgabenbereichen in beschriftete Hängemappen einsortieren, z.B. nach Reisen, Projekte, Auto, Versicherungen, Fortbildung. Natürlich müssen die Aufgaben erledigt werden, aber man erhält einen besseren Überblick, wenn man Unwichtiges gleich aussortiert, Gleichartiges zusammenfasst und eine Hierarchie der wichtigsten Aufgaben erstellt. Um den Vergesslichkeitseffekt auszuschalten, kann man sich konstruktiv im Loslassen üben, indem man nichts länger als etwa ein Vierteljahr lagert und alles, was erledigt ist, sofort in den Papierkorb wandern lässt.

Meister in der Kunst des Loslassens erkennt man daran, dass nur noch aktuelle Aufgaben auf dem Arbeitsplatz liegen.

Frei von Ballast

■ ■ ■

Unnützes, Hässliches oder Unästhetisches belastet mehr, als man wahrhaben möchte. Wenn ich an alte Urlaubserinnerungen denke, an den kitschigen Frosch aus Mexiko, die unhandliche Gugelhupfform aus dem Elsass, das Glücksschwein an Silvester, die bunten Serviettenhalter in Fischform aus Spanien, so verstehe ich, wie schwer sich romantische Menschen mit dem Wegwerfen tun. Ganz zu schweigen von den unzähligen goldgeränderten Sammeltassen, den bedruckten Tischtüchern und Servietten. Soll man wirklich die herzzerreißenden Liebesbriefe und alten Poesiealben, Tagebücher, Konzertprogramme und Rezepte entsorgen, vor allem, wo man sie doch erst im fortgeschrittenen Alter so richtig zu würdigen weiß? Mit Geschenken will man ja nicht unhöflich sein, also steckt man diese gut gemeinten Gaben diskret in eine Ecke.

Bewusst fühlt man sich vielleicht nicht belästigt, aber wenn man von mehr Dingen umgeben ist, als man bewältigen kann, reagiert das Unbewusste unterschwellig mit einem Gefühl von Schwäche oder Überdruss. Erinnerungsstücke schärfen vielleicht unser Gedächtnis für die guten alten Zeiten, aber sie halten auch an der Vergangenheit fest. Die Erinnerung wird aber einzigartiger, wenn wir gezielt auswählen und nicht von überquellenden Schränken mit unpraktischen, altmodischen Exponaten erdrückt werden.

Wer dazu neigt, das Ausmisten vor sich herzuschieben,

dem ist geholfen, wenn er sich einen Helfer organisiert. Zu zweit geht das Ausmisten doppelt so schnell. Das Befreiende daran ist, dass der andere nicht so emotional an den Dingen hängt und etwas nüchterner und zupackender an die Sache herangeht. Es lohnt sich, einmal im Monat einen „Ausmisttag" festzulegen, an dem man rigoros durchgreift und entrümpelt. Man kann es auch in kleinen Schritten tun, Schublade für Schublade, Regal für Regal, Zimmer für Zimmer. Das tut nicht so weh, weil es in Etappen geschieht, und vermittelt raschere Erfolgserlebnisse, wie beispielsweise das Gewürzregal, das man in zwei Stunden komplett leer räumt, putzt und wieder neu einräumt. Oder schauen Sie sich Ihren Kleiderschrank an. Was haben Sie zwei Jahre lang nicht getragen? Entfernen Sie alles, was nicht mehr zu Ihnen passt. Schnüren Sie ein Bündel und geben Sie es in die Kleidersammlung oder einer gemeinnützigen Aktion.

Eine Großaktion braucht mehr Mut, aber sie hinterlässt auch sichtbarere Befreiungsspuren, vorausgesetzt man trifft während des Sortierens klare Entscheidungen und weicht nicht auf Zwischenlagerungen in irgendwelchen Stauräumen aus. Eine Denkhilfe können folgende Fragen sein: Habe ich das in den letzten beiden Jahren ein einziges Mal benutzt? Wenn man mir das stehlen würde, würde ich mich bemühen, es zu ersetzen? Am besten man berührt jeden Gegenstand nur einmal und entscheidet mit einem klaren Ja oder Nein. Wenn der Müllberg gleich weggebracht wird, entstehen auch keine sentimentalen Regungen.

Es lohnt sich, großzügig im Sortieren zu sein, der gewonnene Freiraum setzt Energie, Lebenslust und neue Spielräume frei. Ein schönes Erlebnis nach solch einem Ausmisttag werde ich nicht vergessen. Nach getaner Arbeit entdeckte ich überraschend eine weiße Blüte in einem Blumentopf, den ich bisher kaum beachtet hatte. In dem Moment begriff ich, was es bedeutet, dass Ordnung schaffen den Blick frei machen kann für die Zukunft in unserem Leben. Vielleicht ginge es uns besser, wenn wir unser Leben immer wieder neu ordnen würden. Auch wenn kleine Abschiede damit verbunden sind, so können doch immer wieder neue lebendige Geschichten daraus entstehen.

Stellen Sie sich vor, Sie verfügen über einen freien Nachmittag. Nutzen Sie ihn zum Entrümpeln. Auch wenn es nur nach trockener Arbeit aussieht, als würden Sie nur Schubladen ausräumen, Kleider aussortieren, den Schreibtisch entrümpeln – Ihre Seele weiß es besser. Wir würden aufatmen, wenn wir nichts mehr in unserer Wohnung herumliegen hätten, was weder nützlich noch ästhetisch ist. Unser Leben würde einfacher und unsere Gefühle klarer werden.

Es lohnt sich, die eigene Umgebung einmal sorgfältig zu überprüfen und jedes Stück in die Hand zu nehmen und zu fragen: Bist du nützlich? Gefällst du mir? Ist es Zeit, weiterzugehen? Zweifellos gerät man dabei an Dinge, die weder schön noch nützlich sind, die aber sentimentale Qualitäten aufweisen. Fragen Sie sich: Würde ich wirklich trauern, wenn dieser Gegenstand verschwände? Würde es wirklich an meinem Herzen nagen, wenn ich ihn verabschiedete?

Es gibt ein altes metaphysisches Gesetz, das besagt: Wenn wir mehr Lebensfülle in unserem Leben haben wollen, müssen wir ein Vakuum schaffen, um das Gute, das wir brauchen, einzuladen. Wie kann Gutes in unser Leben kommen, wenn das Leben mit Überflüssigem verstopft ist? Ein Vakuum kann nur durch das Weggeben, Versorgen oder Verschenken dessen entstehen, das wir nicht länger brauchen oder wünschen und das anderen zugute kommen kann. Die Entscheidung, das Leben zu vereinfachen, bringt Ordnung und Leben in unser

Zuhause. Es öffnet uns für eine neue Fülle, die auf uns zugeschnitten ist.

In Rom ist es Sitte, an Silvester etwas Altes aus dem Fenster zu werfen. Da fliegen alte Tassen, Teller, ausgediente Radios und Schnickschnack durch die Luft, und die Leute haben ihre helle Freude an diesem lautstarken und befreiendem Vergnügen. Der Sinn dieses Rituals lautet ganz schlicht: Weg mit dem Alten – Platz für Neues. Wäre das nicht ein nachahmenswertes Ritual, nicht nur an Silvester? Weg mit dem Unnützen, Hässlichen – Platz für Neues, Sinnvolles und Schönes.

Im Jetzt leben

Ein irisches Sprichwort sagt: „Lieber eine gute Sache, die gerade ist, als zwei gute Sachen, die waren, oder drei gute Sachen, die sich niemals ereignen werden." Alles was wir tun, geschieht in der Gegenwart. Dennoch haben viele das Gefühl, in allem, was sie tun, von beiden Seiten gefordert zu sein, das heißt, Vergangenheit und Zukunft mitzudenken. Das eigene Selbst unter den Schichten von Erwartungen, Verpflichtungen und Anforderungen zu finden, braucht eine Zentrierung. Deswegen ist es wesentlich, dem Jetzt den Vorrang zu geben. In der Konzentration auf den Augenblick ist es möglich, alle Kräfte in den Moment zu lenken oder in die Aufgabe, die gerade angesagt ist. Erkennendes Loslassen schafft Platz für das, was ist. Die Vergangenheit tötet nur zu oft die lebendige Gegenwart, so dass es keinen Platz für Neues, Notwendiges gibt. Ständiger Rückblick verhindert den befreienden Ausblick in die Weite. Ein Beispiel dafür ist die Geschichte von Lot und seiner Frau, die das Alte Testament im ersten Buch Mose im 19. Kapitel erzählt. Gottes Botschaft an Lot lautet, die Stadt Sodom so rasch wie möglich zu verlassen. Sein Zaudern und Zögern, sein taktisches Verhandeln mit den Botschaftern Gottes zeigt die Schwierigkeiten, die Menschen erleben, wenn es gilt, vom Alten Abschied zu nehmen und loszulassen. „Ist es wirklich nötig? Könnte ich nicht dieses oder jenes aus der Vergangenheit mitnehmen und festhalten?" Es braucht handgreifliches Eingreifen, um Lot und seine Frau zum Verlassen des Hauses und ihrer gewohnten Umgebung zu bewegen. Ihre Ängste entsprechen unserem Gefühl des „Ich kann doch nicht einfach alles stehen und liegen lassen und von neuem beginnen“. Die Folgen des Festhaltens sind schwerwiegend – Lots Frau schaut zurück und erstarrt zur Salzsäule. Werden notwendige Schritte nicht vollzogen, wird nicht Abschied genommen und losgelassen, wenn die Zeit reif ist, dann erstarrt das Leben und fixiert sich in gewohnten Abläufen und Gewohnheiten, die obsolet geworden sind.

Hier lassen sich Erkenntnisse über die Entstehung von Entwicklungsstörungen, psychosomatischen Erkrankungen und neurotischen Fixierungen direkt anschließen. Auch wenn jede Störung einzigartig und individuell verläuft, so haben sie doch alle eines gemeinsam: Eine früh erlernte Haltung wird nicht aufgegeben, Verhaltensweisen, die einst sinnvoll waren, werden nicht durch neue, auf die Gegenwart zugeschnittene ersetzt. Man klammert sich an ausgedienten Mustern fest, weicht der Veränderung aus und verpasst die mögliche Weite neuer Sichtweisen, so dass der Weg in die Zukunft letztlich abgeschnitten wird.

Wer loslässt, hat die Hände frei, so heißt es. Wem es gelingt, sich dem Jetzt zuzuwenden, der ist weniger anfällig für Störungen von außen. Er ist mehr bei sich und mehr in seiner eigenen Mitte. Irgendwann verlieren sich die Gefühle von Angst vor zukünftigem Versagen und die Schuld- und Schamgefühle, die von Zurückliegendem herrühren. Das Rezept zufriedener Menschen ist häufig ganz einfach: Sie widmen sich voll und ganz der Sache, die gerade ansteht. Ihr Prinzip lautet: das Wichtigste zuerst und nicht das Dringendste. Wer es so hält, braucht klare Prioritäten, was wichtig, zweitrangig oder nebensächlich ist. Und er braucht klare Grenzen. Das bedeutet zwar, dass mögliche Wege abgeschnitten werden. Aber es macht auch frei, denn wer sich sämtliche Türen offen halten will, kann sich zwar der Illusion unbegrenzter Möglichkeiten hingeben. Er verpasst damit aber auch die nötige Hinwendung zu einer bewussten und intensiven Lebensweise.

Als Therapeutin arbeite ich mit Menschen, deren Wahlmöglichkeiten eingeschränkt sind. Das ist aber nur die halbe Wahrheit. Menschen sind nicht einfach Gefangene ihrer unbewussten Konstellationen. Sie treffen auch bewusste Entscheidungen, die auf unbewusste Prägungen zurückwirken und sie verändern können. Selbst die Vermeidung von Wahlmöglichkeiten an sich ist eine Wahl, die in der Folge die Richtung bestimmt. Das hoffnungsvolle Ausweichen, das die Realität in einen Schleier der Erwartungen hüllt, nach dem Motto: „Es wird alles anders, wenn ich eine Therapie mache", „Wenn endlich der richtige Partner aufkreuzt", „Wenn ich die ersehnte Position erhalte", „Wenn ich meine Sucht überwunden habe", erweisen sich nur allzu häufig als Fluchtwege, die dem Zusammenprall mit der Realität nicht standhalten können. Letztlich kann man sich nicht entkommen. Irgendwann kommt die ernüchternde Einsicht, dass die großen Umbrüche oder Veränderungen ausbleiben werden, wenn man nicht begreift, dass Veränderungen dort stattfinden, wo wir gerade stehen: im Hier und Jetzt. Diese Einsicht mildert die Erwartungen. Der Verzicht auf Forderungen und hochfliegende Visionen öffnet die Seele hin zur Realität. Und Realität ist, dass wir jeden Tag die Wahl haben, ob dieser Tag ein Geschenk oder eine mühsam zu überwindende Hürde, ein Korsett oder eine Chance ist. Das heißt nicht, dass wir das lieben müssen, was das Leben uns entgegenschleudert. Es kommt aber darauf an, wie wir die Bälle auffangen. Ist man bereit, das anzunehmen, was einem begegnet, wird man immer wieder Überraschendes und Unerwartetes erleben. Vielleicht bedeutet Erfüllung im Leben eben nicht, wie gut und perfekt wir unseren gewünschten Plan A durchziehen, sondern wie flexibel und wendig wir zu Plan B wechseln können. Ist das nicht in etwa zwei Drittel der Fälle die Realität für die meisten von uns? Ich gebe zu, dass der Wechsel zu Plan B einiges an innerer Umstellung und Leichtigkeit braucht, aber auch beim Autofahren bedurfte es einiger Übung, bevor wir lernten, fast reflexartig von einem Gang in den anderen zu schalten.

Im Alltag kann man immer wieder beobachten, dass Menschen mehrere Dinge gleichzeitig zu erledigen versuchen oder dass sie das, was sie gerade tun, möglichst schnell hinter sich bringen wollen. Auch hier gilt: weniger ist mehr. Es genügt, wenn wir uns pro Tag einer Priorität widmen, denn es ist mittlerweile zur Binsenweisheit geworden, dass „gut Ding Weile haben will". Ein großer Teil unserer Energie verpufft, wenn wir mehrgleisig fahren und mehreres gleichzeitig angehen. Deswegen die schlichte Regel: „Eins nach dem anderen." Die Welt spricht neu zu uns, wenn wir uns die Zeit nehmen, die wir brauchen. Wir werden gelassener, weil wir manches eben auch lassen können. Das ist nicht nur gesünder, sondern auch wesentlich Erfolg versprechender.

Sich von Kleinkram befreien

■ ■ ■

Es sind meistens nicht die großen Herausforderungen, die uns kaputt machen, vielmehr sind es die kleinen täglichen Belastungen – die leckende Kaffeemaschine, der schrille Wecker, der verpasste Bus, die missglückte Frisur, die lästigen Besserwisser. Warum regt man sich eigentlich über solche Bagatellen auf? Gelassenheit zu bewahren in Situationen, die uns nicht behagen, ist eine Kunst, die man lernen kann. In Italien gibt es eine Empfehlung, die man sich zu Herzen nehmen könnte: „*Canta che ti passa* – singe, damit es vorbeigeht." Wenn man sich wieder einmal aufregt über irgend eine Kleinigkeit, dann könnte man ja zur Abwechslung einfach einmal vor sich hin summen. Es gibt Dinge, die geben sich von selbst, wenn es gelingt, das Angriff- oder Fluchthormon Adrenalin, das einen am Denken hindert, in ruhigere Bahnen zu lenken. Einfach summen, das hilft immer. Dann kann man in aller Seelenruhe einfach loslassen, den Atem hören, gar fühlen, den Bauch rumoren und die Nervenzellen einfach Nervenzellen sein lassen.

Man kann es lernen, sich nicht über Kleinigkeiten aufzuregen. Denn erstens lohnt sich die Aufregung nicht und zweitens erledigen sich viele Dinge von alleine, wenn man seine Seelenruhe bewahrt. Man kann seinen Ärger auch „ersäufen", zum Beispiel mit einer Tasse wunderbaren Orangentees oder noch besser mit einer Tasse heißer Schokolade. Seit ich von einer Bekannten ein Lavendel-Ölbad geschenkt bekam, schwöre ich auf seine beruhigende Wirkung. In der Badewanne seine Mitte finden, einfach loslassen, nichts tun, den Autopiloten im Gehirn einschalten und den Geist in die Unendlichkeit des Universums schweben lassen. Ein traumhaftes Gefühl.

Mancher Kleinkram *darf* nicht beachtet werden, mancher braucht es nicht, mancher erledigt sich ohnehin von selbst. Das hängt davon ab, was man alles zu Kleinkram zählt. Jedenfalls bekommt es der Seele gut, wenn man möglichst viel zur Kategorie „Kleinkram" zählt. Dabei denke ich beispielsweise an Situationen, in denen man mit Besserwissern oder Rechthabern zu tun hat. Man unterliegt so oder so, weil es ihnen nicht um einen Dialog geht. Also bleibt immer noch der elegante Ausstieg. Man könnte ein unpassendes Sprichwort zitieren: „Schnecke und Wurm machen keinen Sturm." Damit verwirrt man sein Gegenüber und gewinnt erst einmal ein wenig Ruhe, während sich der andere über den Sinn des Gesagten den Kopf zerbricht.

Falls man sich mit Irritationen oder Humor schwer tut und dazu neigt, Entscheidungen aus dem Weg zu gehen, bleibt immer noch der schriftliche Weg. Entweder man legt sich eine Mappe an mit der Aufschrift „Gesammelter Kleinkram" – und deponiert darin all das, was einen Zeit und Nerven kostet. So kann man in Ruhe seine eigenen Reaktionen überprüfen. Man kann sich fragen: „Ist das wirklich so schrecklich?" – „Wie werde ich morgen, in einem Monat, in einem Jahr darüber denken?" Oder man fertigt eine Liste an und schreibt auf, welcher Kleinkram einem die Existenz gerade verleidet. Am besten geht man die Liste Punkt für Punkt durch, bespricht sie mit einem vertrauten Menschen, bevor man das Ganze in einen Briefumschlag steckt und in der untersten Schublade ad acta legt oder im Papierkorb endgültig entsorgt.

Man sollte überhaupt lernen, ein paar „Notbremsen“ einzubauen, um mit den diversen Alltagsdingen besser zurechtzukommen. Natürlich ist das so eine Sache mit den Notbremsen, denn manchmal braucht man auch einen Anlass, um sich mal wieder so richtig aufzuregen. Trotz der vielen Bücher über „emotionale Intelligenz“ hat man schließlich auch ein Recht auf Bereiche, in denen man gezielt chaotische Gefühle ausleben darf. Ich gebe zu: Das kann viel Spaß machen, in den sich bisweilen ein wenig Bosheit mischt. Wichtig ist, dass das Ganze nicht entgleist und unsere Mitmenschen in Mitleidenschaft zieht, denn dann ist es keine Befreiung mehr, sondern nur noch negatives Verhalten. Neben diesem seltsam anregenden Luftmachen von allem Ärger brauchen wir aber auch Notbremsen, die wir bewusst pflegen und hegen. Die Entwicklung von Abwehrkräften, die zu mehr Gelassenheit führt, kann sehr anregend sein, indem man sich für einen Moment vorstellt, man sei ganz woanders. Auf einer Karibikinsel, in der Hängematte oder in den Wellen des Mittelmeers. Meine Methode für diese bewusste Abgrenzung hat etwas damit zu tun, die Zeit anzuhalten. Das ist eine Erfahrung, die Menschen machen können, wenn sie lesen. Lesen schafft sicheren Abstand zu vielem Kleinkram. Wer liest, ist nicht nur gelassener und zufriedener, der kann mitunter auch die Einsicht gewinnen, dass es um das eigene Leben doch nicht so schlecht bestellt ist. Oft zieht man seine Schlüsse aus dem Gelesenen und stellt fest, dass sich die eigenen Sorgen im Vergleich doch viel harmloser ausgeben. Und wenn weder die Zeit noch der Nerv zum Lesen bleiben, so kann man immer noch versuchen, eine gewisse Gleichgültigkeit gegenüber den Dingen zu entwickeln. Den meisten

Kleinkram kann man einfach vergessen. Da rein und dort wieder raus ist in manchen Fällen sicher nicht die schlechteste Methode, um mit all diesen Nichtigkeiten fertig zu werden. Also: die Ohren auf Durchzug schalten und loslassen. Dann kann man sich den wichtigen Dingen getrost zuwenden.

Mit Hindernissen umgehen

■ ■ ■

„Wenn die Ferien kommen ...“ – „Wenn alles etwas ruhiger geworden ist ...“ – „Wenn ich weiß, ob aus der Beziehung etwas wird ...“ So oder ähnlich lauten die Bedingungen, mit denen Menschen sich gern auf ein besseres Leben vertrösten. Oft reden wir uns ein, wenn wir erst alle Hürden überwunden haben, werden wir ruhiger, entspannter und gelassener sein. Doch das Leben ist wohl in den seltensten Fällen so planbar, dass es uns von Störungen verschont und so viel Zeit gönnt, dass wir endlich so leben können, wie wir meinen, es verdient zu haben. Es ist einfach, wie es ist: Es wird immer Telefonate geben, überraschende Fax-Nachrichten, schwierige Teenager, Kinder, die etwas anstellen, Autos, die ihren Geist aufgeben, Projekte, die stagnieren, Schecks, die nie eintreffen, Züge, die sich verspäten, Menschen, die nicht antworten. „Es ist immer etwas“, meinte eine alte Frau, „das bedeutet es, wirklich zu leben.“ Das heißt: wir leben eigentlich immer nur einen Schritt weit entfernt von Unwägbarkeiten und Hindernissen, die sich uns in den Weg stellen.

Wie gehen wir damit um? Das Leben nicht so ernst nehmen? Das Nichtfunktionieren von vornherein einplanen? Sich stoisch fügen? Sich mit dem Vorläufigen anfreunden?

Für eine erfolgreiche Strategie gibt es keine Garantie. Es gibt genügend Hindernisse, an denen wir straucheln können. Doch kann man zumindest eines tun: aufhören, dem Leben mit vorgefassten Meinungen zu begegnen und darauf zu warten, dass das Leben jemals vollständig oder perfekt sein wird. Der tiefere Sinn liegt vielleicht darin, dass man bereit ist zu lernen, mit dem Mangel an Sicherheit und Kontrolle zu leben. Ich will damit nicht dem Fatalismus das Wort reden, sondern vielmehr der Gelassenheit, die wir durch die Weisheit des Humors erlangen. Manchmal genügt es, dass man sich überlegt, bevor man sich aufregt und ärgert, ob das Ganze nicht eher etwas zum Lachen ist.

Hinzunehmen, dass das Leben nicht nach unseren Plänen verläuft, könnte unser Herz inmitten der alltäglichen Schwierigkeiten öffnen. Wir würden verstehen, „dass nicht alles Unglück kommt, um uns zu schaden", wie die Italiener zu sagen pflegen. Vielleicht könnten wir dann auch all die Dinge, die wir manchmal für selbstverständlich halten – ein Lächeln, ein herzlicher Gruß, die Blumen in der Wohnung, der reparierte Wasserhahn, die überraschende Einladung, das zurückgebrachte Buch – wieder mehr annehmen und wertschätzen. Nur zu oft verdrängen wir die Fülle unserer Wahrnehmungen und beschäftigen uns mit den abträglichen Gedanken des Mangels. Wir sollten die Macht dieser Gedanken nicht unterschätzen, sie entscheiden oft, ob wir uns zufrieden oder elend fühlen, ob wir uns als beflügelt oder gelähmt empfinden. Selbst ein Hindernis – das wir ohnehin nicht verändern können – lässt sich zumindest in der Phantasie umdeuten als eine Erweiterung der Selbsterkenntnis. Oft entdecken wir dabei, dass selbst das Schlechte noch sein Gutes hat. Und wenn diese Einsicht nicht hilft, so gibt es immer noch den Trost: „Nichts ist für immer." Man macht sich zu selten klar, dass das Leben dazu da ist, unsere Fähigkeiten und Fertigkeiten optimal zu entfalten. Deswegen müssen wir das, was uns gegen den Strich geht, nicht verfluchen oder bekämpfen, sondern es aus einer flexibleren Perspektive heraus betrachten. Jeder Tag liefert solche kleinen Lektionen, die uns ein wenig gelassener im Umgang mit Störenfrieden machen. Wenn sich beispielsweise die eigenen Kinder nicht melden – vielleicht ist es ein Geschenk, dass man als Eltern einmal ungefragt einen Moment lang Zeit für sich bekommt und sich zurücklehnen kann. Oder wenn Sie in einen Verkehrsstau geraten: Statt zu hupen, zu schimpfen und sich maßlos aufzuregen, könnte man ihn auch als Chance sehen, für eine absehbare Zeit keine eigenen Entscheidungen fällen zu müssen. Selbst eigene Fehler müssen kein Beweis für Inkompetenz sein, denn jeder ist auf seine Weise klug, wenn nicht vorher, dann doch zumindest nachher.

Selbst wenn die Situation nicht zu ändern ist – unsere Einstellung zu ihr können wir ändern. Sobald wir erkennen, dass das Problem nicht in den Hindernissen selbst liegt, sondern in der Art und Weise, wie wir sie bewerten, befreien wir uns. Ist unser Tag ein Alptraum oder ein Abenteuer? Ist der Nebel Grund zur schlechten Laune oder ein Geschenk, das umgekehrt gelesen, „Leben" heißt? Wer im wahrsten Sinn des Wortes „gute Miene zum bösen Spiel" macht, hat damit schon gewonnen. Denn dafür werden wir von der Natur mit einem freundlichen Hormon belohnt, das gute Laune macht. Schon wenige Sekunden Lächeln genügen, um dieses Hormon (Serotonin) freizusetzen. Wer sich auf die Kunst versteht, selbst den unerfreulichsten Quälgeistern noch ein Lächeln abzugewinnen, der ist gut ausgerüstet für ein heiteres Durchsegeln seines Lebens.

Perfektionismus ist Selbstmissbrauch

■ ■ ■

„Was auch immer ich anpacke, ich tue es exzessiv", so die Aussage einer jungen Perfektionistin. Eigentlich heißt es ja, dass der Weg zur Hölle mit guten Vorsätzen gepflastert sei, aber man könnte stattdessen ebenso gut das Wort „Perfektionismus" einsetzen. Perfektionismus ist zwar sozial akzeptiert, aber dennoch eine Sucht. Meist wird dieser Sucht durch Kindheitserfahrungen der Weg gebahnt. Wenn Kinder spüren, dass ihre spielerischen Leistungen nicht mehr ihnen selbst gehören, sondern ständig kritisiert, bevormundet und verbessert werden, lernen sie sich allmählich mit den Augen der Erwachsenen zu sehen, denen nichts gut genug ist. Diese Haltung wird verinnerlicht und setzt sich später im Berufsleben fort. Man erlebt sein eigenes Tun als Unterwerfung unter Zwänge, denen man um jeden Preis gerecht werden will, und koste es die eigene Gesundheit. Ähnlich wie die Arbeitssucht zeugt auch die Sucht nach Perfektion von niedrigem Selbstwert und dient dazu, unangenehmen oder schmerzhaften Gefühlen auszuweichen.

Was immer man tut, man könnte es immer noch besser machen. „Wenn ich nur fünf Kilo weniger auf die Waage bringen würde ..." – „Wenn ich nur schlagfertiger gewesen wäre ..." – „Wenn ich nur sportlicher wäre ..." Der Verschleiß an Energie und Selbstvertrauen durch diese ununterbrochenen Selbstvorwürfe führt zur inneren Verkrampfung.

Genug ist nie genug, lautet die Devise, die jede Gegenwart zerstört. Wir bleiben an vergangenen Episoden verhaftet oder ketten uns an zukünftige. Unzufriedenheit wird zur ständigen Begleiterin.

Wie entkommt man diesem lebensfeindlichen Zwang zur Perfektion? Vielleicht sollte man sich vor Augen halten, dass die meisten zufriedenen Menschen keinen Traumberuf, keine Traumwohnung und keinen Traumpartner haben. Und die meisten Dinge, die Menschen tun, gelingen in der Regel nicht perfekt, sondern mehr oder weniger gut. Und das ist viel. Denn es liegt im Leben selbst, weil es endlich ist, dass es uns begrenztes Glück beschert. Selbst im Schöpfungsbericht heißt es am sechsten Tag, als Gott sein Werk betrachtete: „Es war sehr gut!“ und nicht: „Perfekt!“

Man könnte sich den Medien entziehen, keine Zeitschriften mehr lesen, keine Videos oder Filme anschauen, die uns ununterbrochen daran erinnern, wie unvollkommen wir sind, weil sie die perfekte Welt vorgaukeln. Aber würde das etwas nützen? Wohl kaum. Sinnvoller wäre es, diesen Wunschbildern Widerstandskraft entgegenzusetzen. Denn sie manipulieren, statt zu inspirieren.

„Immer wenn ich wieder in die Falle der Perfektion gerate, dann frage ich mich, was mir wichtiger ist: meine Lebendigkeit oder mein Bessersein-Wollen.“ Diese Frage kann nur jeder für sich selbst entscheiden. Wer begriffen hat, dass Perfektion ein Kerker ist, der das Bewusstsein verengt und die Wahrnehmung verzerrt, wird sich fragen: Wozu? Das Geschenk der Teilhabe an der Weite des Lebens steht bereit für den, der die Sucht nach Perfektion loslassen kann. Vielleicht entdeckt man auf diesem Weg ein Stück Versöhnlichkeit mit den kleinen Schritten, mit der gelungenen Halbheit. Nicht mehr angewiesen auf perfekte Lösungen, treiben wir eleganter und gelassener auf den Wellen des Lebens. Wir sind sicher genug, um nicht mehr perfekt sein zu müssen, und leben entspannter mit dem Unvollkommenen und dem Vorläufigen. Wenn Sie sich wieder einmal bei Selbstvorwürfen ertappen, weil eine Sache nicht vollkommen geglückt ist, fragen Sie sich: Wie schlimm wird diese Angelegenheit für mich in einer Woche, einem Monat, einem Jahr sein? Vielleicht hilft diese Frage zu realisieren, dass es schon jetzt nicht mehr so schlimm ist.

Wünsche loslassen

„In den alten Zeiten, als das Wünschen noch geholfen hat", so beginnen oft Märchen. Haben wir die Kunst des Wünschens vielleicht verlernt? Wünschen wir sinnlos immer weiter, als ob wir es noch verstünden? Auch unsere Wünsche versuchen wir heutzutage nach dem Motto zu befriedigen: „Man lebt nur einmal." „Wenn mich alles anödet, dann bleibt immer noch das Einkaufen", so therapiert sich eine junge arbeitslose Frau, die sogar riskiert, dass ihre Ehe deswegen in die Brüche geht. Viele Menschen haben ein ähnliches Problem, was damit zusammenhängt, dass unsere Alltagskultur uns in eine Richtung manipuliert, die es dem Einzelnen schwer macht, Widerstand zu leisten. Wer sich nicht alles gönnt, gilt als verklemmt. Doch eigenartig: Der Wunsch, den man sich in Windeseile erfüllt, schmeckt oft nur kurz und flüchtig und sucht sich sogleich neue Nahrung. Es scheint fast, als würde die rasche Stillung den Wunsch verderben. Die meisten spüren, dass die Erfüllung innerer Wünsche nicht mit Hilfe von Äußerlichkeiten erreicht wird.

Oft muss man die Erfüllungsangebote nur sein lassen und schon geht es einem besser. Ist es so einfach? Einerseits ja und doch ist es schwer. Schwer ist es, auf die Ursprünglichkeit der Wünsche zu lauschen und sich zu fragen, was man wirklich will. Ist dieser neue Computer wirklich das, was ich will? Wenn die Antwort lautet, dass ich ihn wirklich brauche und ich ihn mir leisten kann, dann wird er mir auch anhaltende Befriedigung und Freude bereiten. Die Gleichung wird aber nicht aufgehen, wenn der Kauf dieser begehrten Ware nur dazu dient, Langeweile, Einsamkeit oder innere Leere zu vertreiben. Das Vergnügen wird rasch vergehen, im Gegensatz zu den zunehmenden Schulden auf dem Konto. Die Unterscheidung zwischen dem, was man braucht und dem, was man wünscht, ist nicht nur praktisch schwierig, sondern hängt auch mit der Kultur zusammen, in der man lebt, die die Gier nach diesen Wünschen anstachelt und ihnen Gestalt gibt. Schwer ist es, etwas loszulassen, was die Alltagskultur als begehrenswert nahe legt oder aufdrängt. Aber es ist möglich und es befreit.

Niemand braucht sich erzwungene Beschränkungen auferlegen, künstliche Schranken einbauen, Wünsche verleugnen oder verbieten. Man muss nur genau auf seine Wünsche hören und sich immer wieder dessen vergewissern, was man wirklich will. Dazu gehört Eigensinn und die Fähigkeit, sich in seinen Ansprüchen nicht herunterhandeln zu lassen und nicht einfach auf das anzuspringen, was einem „vorgesetzt“ wird. Die wirklichen Wünsche hinter ihren Maskierungen wiederzufinden, dazu braucht es ein gewisses Widerstandspotential. Eine Bekannte verriet mir, wie sie es einsetzt: „Ich weiß ganz genau, dass mich materielle Dinge nicht glücklich machen können. Gartenarbeit oder Spiele mit meinen Enkeln geben mir wesentlich mehr. Trotzdem gehe ich gern einkaufen, aber ich würde nie etwas kaufen, das ich nicht bar bezahlen kann. Wenn ich es mir nicht leisten kann, dann interessiert es mich auch nicht weiter.“ Diese Art der Wunschpolitik scheint nicht nur praktisch klug. Sie hilft auch, den Appetit nach mehr zu kontrollieren.

Wünsche existieren, weil Menschen nun einmal Wünschende sind. Es gilt eine Balance zu finden zwischen dem, was möglich ist und dem Wissen, wie man eigene Wünsche erfüllt bekommt. Allerdings kostet es ein wenig Mühe, vom Lockmittel der schnellen Erfüllung loszulassen. Doch es lohnt sich. Man braucht nicht mehr alle eingebildeten und von außen aufgedrängten Wünsche, wenn man nur richtig wünscht. Richtig wünschen heißt: verstehen, dass mehr nicht besser ist und dass das eigentliche Problem nicht darin besteht, etwas nicht zu haben, sondern darin, immer mehr haben zu wollen. Loslassen bedeutet nicht, dass man sich nichts mehr wünschen soll, sondern dass man begreift, dass die eigene Zufriedenheit nicht davon abhängt.

Die Ruhe dazwischen

In einem Gedicht aus Rainer Maria Rilkes *Stundenbuch* findet sich eine bemerkenswerte Passage: „Ich bin die Ruhe zwischen zweien Tönen, ... aber im dunklen Intervall versöhnen sich beide zitternd. Und das Lied bleibt schön." Ich verstehe sie sinngemäß: Töne sind die Menschen, Ereignisse und Dinge des Lebens. Ohne die Pause dazwischen, die den Tönen Ursprung und Wert verleiht, würden sie keinen Sinn ergeben. Genauso wie in der Musik. Wir hören etwas, das eigentlich gar nicht da ist. Wir hören Zwischenräume. Töne machen noch keine Musik. Was sie zur Musik macht, ist die Bewegung zwischen den Tönen. Erst die Ruhe verleiht Erfahrungen und Ereignissen einen Sinn. Der Pianist Arthur Schnabel kam auf ähnliche Gedanken, als er darüber nachdachte, was ihn von anderen Pianisten unterschied: nicht die Technik, da gäbe es sicher etliche, die ihm das Wasser reichen konnten, sondern der Umgang mit den Atempausen zwischen den Tönen. Das war für ihn der Ort, an dem die Kunst ihren Platz hat.

Hier ein praktisches Beispiel, um verständlich zu machen, was ich unter der Ruhe zwischen den Tönen verstehe. Jemand geht zur Bank, dann zur Post und schließlich zum Einkaufen im Supermarkt, bevor er sich auf den Weg macht, um sich mit einem Kollegen zu einem Arbeitsessen in einem Restaurant zu treffen. Bank, Post, Supermarkt, Arbeitsessen – das sind die Töne. Und diese gelingen den meisten mehr oder weniger effizient ohne tieferes Nachdenken. Was aber häufig übergangen wird, ist der Raum dazwischen, die Zeit zwischen den einzelnen Gängen. Der Weg oder die Bewegung von einem Ort zum nächsten. Genau dieser Raum des „Dazwischen“ oder des „Hier und Jetzt“ ist es, den Rilke als wertvoll beschreibt, damit unser Leben „schön wird“.

Nur wer innehält zwischen den Tönen, kann sich seiner selbst und der Mitwelt bewusst werden. Innehalten heißt: loslassen, auch von Ansprüchen an Entspannung oder Meditation, denn mit ihnen sind wiederum Erwartungen verbunden. Die „Ruhe zwischen den Tönen“ soll einfach da sein als leere Zeit, die nicht verwertet oder genutzt wird. Man begnügt sich damit, ruhig mit sich selbst zu sein und gönnt sich einen Moment des kurzen Anhaltens mitten im Leben – beim Gehen, beim Kochen, beim Bügeln, beim Warten oder wo auch immer. Leere Zwischenräume sind einfach da, um mit ihnen beisammen zu sein – absichtslos. Das ist im Prinzip ganz simpel. Und doch steckt dahinter der Anfang aller Weisheit: zu wissen, dass der Blick für das Wesentliche nur durch Weglassen möglich ist. Im Umgang mit der leeren Zeit lernt man vielleicht allmählich, dass die ausschließliche Fixierung auf Ziele und eingefahrene Abläufe all das entwertet, was wir unterwegs auf unseren zurückgelegten Strecken erleben. Wer nur im „Dann“ lebt, ist vielleicht schneller dort, aber er stört den langsamen Prozess des Mitfühlens, des Erinnerns und des Begreifens. Natürlich ist diese Konzentration auf das Hier und Jetzt nicht permanent durchzuhalten, aber es gibt genügend gute Gründe, immer wieder eine Phase der „Ruhe zwischen den Tönen“ einzulegen. Vielleicht würden wir dann mehr Gefühle entwickeln – zu uns selbst, zu den anderen und zu den Dingen um uns herum.

Menschen sehnen sich danach, loszulassen. Surfer erleben dies auf dem Meer, Skifahrer auf der Piste, Mönche im Gesang, Musiker beim Spielen und Schauspieler auf der Bühne. Ein Weg, der uns allen offen steht, ist das Tanzen. Unsere Körper sind gemacht dafür, uns zum Tanzen einzuladen. Jedes Kind ist ein kleiner Tänzer, und jeder Erwachsene kann diese Fähigkeit wieder erwecken und zur Entfaltung bringen. Im Tanz können wir alles loslassen, so belastend oder schwierig es auch sein mag. Tanzen hält uns locker und flexibel, befreit uns vom Festhalten an starren Absichten und Dogmen darüber, wie die Dinge zu sein haben, und sorgt dafür, dass wir offen für Veränderung, wachsam und einfühlsam bleiben. Es gibt kaum etwas, das wir nicht durch Tanzen loslassen können: Wut, Hemmungen, Leidenschaft, Zärtlichkeit, Erotik, Traurigkeit. Von Rumi stammt der Satz: „Tanze, bis du in Stücke zerbrichst." Er erinnert daran, dass es beim Tanzen nicht darum geht, eine gute Figur zu machen, sondern sich ganz den inneren Bewegungen, Gefühlen und Impulsen hinzugeben. Eine Frau beschreibt es mit ihren eigenen Worten: „Manchmal, wenn ich nicht mehr weiter weiß, dann tanze ich bis zur Erschöpfung und in diesem Zustand der Leere ist die Antwort, nach der ich suchte, oft einfach da." Manchmal ist sie im Tanzen sogar spürbarer, wahrhaftiger und intensiver als durch Worte.

Mir begegnen immer wieder Menschen, die gar nicht wissen, dass sie müde, traurig, einsam oder hungrig sind. Sie haben die Verbindung mit sich selbst verloren und fühlen sich nicht mehr. Und was mit anderen um sie herum ist, bekommen sie auch nicht mit. Die Ursachen für dieses Abgeschnittensein sind verschieden: Erschöpfung, Stress, Vereinsamung, Depression. Weil solche Gefühle sich verleiblichen, spiegelt der Körper diesen Zustand wider. Wenn man sich für wertlos, verklemmt oder befangen hält, sinkt die Brust ein, der Kopf hängt und die Augen verlieren an Leuchtkraft. Der Körper spricht immer.

Warum tanzen wir? Ganz einfach, weil wir rhythmische Wesen sind. Herzschlag, Verdauung, Schlaf, Atmung folgen einem bestimmten Rhythmus, der uns begleitet bis zum Ende unseres Lebens. Unabhängig von der Beherrschung bestimmter Tanztechniken geht es immer darum, dass wir uns in der Bewegung ausdrücken und unsere innere Lebendigkeit nach außen bringen. Wo Eindruck ist, soll Ausdruck werden. Wo Festhalten ist, soll Loslassen beginnen. Das ist die Triebkraft und zugleich die Heilkraft, die im Tanzen steckt.

Selbst in einem kleinen Zimmer und in der widerspenstigen Alltagsrealität kann man Raum für eine Tanzpause finden. Es geht einfach darum, dass wir unsere Achtsamkeit auf jene Energien lenken, in denen wir uns gerade befinden. Ausatmen – loslassen und den Körper fließen, rollen, springen, toben oder beben lassen und dabei die ganze Bandbreite der Emotionen genießen. Alles darf rausgelassen werden.

Jeder von uns kennt Menschen, die etwas schwerfällig wirken oder wortkarg und verschlossen sind, doch kaum tanzen sie los, sind sie wie ausgewechselt und werden federleicht. Ihre Gesichter leuchten, sie fühlen sich in ihrem Körper zu Hause und bewegen sich mit einer Anmut und Weichheit, weil sie fähig sind, sich dem Sog der Musik völlig hinzugeben, den

Rhythmus durch ihren Körper fließen zu lassen, den Kopf leer zu machen und ihr Herz in Flammen aufgehen zu lassen.

Beim Tanzen lassen sich Gefühle in Bewegung ausdrücken und umgekehrt. Körperliche Bewegungen erzeugen auch Gefühle. So kommt es, dass eine Studentin sagt: „Ich bin total schüchtern, aber nur wenn ich sprechen muss. Sobald ich Musik höre und tanzen kann, verwandle ich mich in die Selbstbewusstheit in Person. Kaum ist die Musik zu Ende, bin ich wieder wie eine graue Maus.“ Beim Tanzen erfahren wir ohne Umweg: Wie du dich bewegst, so bist du. Es liegt Schönheit darin, die Furcht vor dem Man-selbst-Sein zu überwinden, sie loszulassen und die Intensität der eigenen Bewegung in seiner ganzen aufscheinenden Leuchtkraft zu erfahren. Dieser Erfahrung Nahrung zu geben ist ganz einfach: Man braucht bloß die richtige Musik aufzulegen und sich darin zu verlieren. Was dann geschieht, drückt die Tanztherapeutin Gabrielle Roth treffend aus: „Tanzen … bringt mich immer wieder dazu, das fallen zu lassen, was mich gerade bedrückt, und mich in ein neues Ich, in einen neuen Körper hineinzubewegen, der von allem Ballast frei ist und von der Seele gespeist wird.“[2]

---

[2] Roth, Gabrielle, Leben in Bewegung. München 1997, S. 39

III.

LOSLASSEN ALS LEBENSHALTUNG

TOLERANT SEIN

■ ■ ■

Toleranz beginnt und endet immer dort, wo wir die meisten blinden Flecken haben – bei uns selbst. Jeder, der das Glück und die Gelegenheit hatte, schwierige, unverständliche oder mühsame Beziehungen durchzustehen, kann sich eine gewisse Vorstellung davon machen, worum es hier geht. In solchen Beziehungen gehen einem die Augen darüber auf, dass Toleranz mehr als nur ein Dulden oder Ertragen ist. Freilich mag sich ein freundliches, höfliches, angenehmes, ja selbst gleichgültiges Verhalten als Toleranz ausgeben. Aber dort, wo Toleranz wirklich gelebt wird, riecht es nicht nach seichter Oberflächlichkeit. Da sind andere Qualitäten gefragt, die etwas tiefer reichen, wie beispielsweise Wahrhaftigkeit, Selbsterforschung, Humor, Beweglichkeit, Mitgefühl und Güte. Toleranz geht stets einher mit dem Hinterfragen von Selbstbildern und mitunter auch von Illusionen über einen selbst als die edle, hilfreiche und berechenbare Person, die man so gern wäre. Den eigenen Widersprüchen, Ausflüchten und Unsicherheiten ins Auge zu schauen, dazu bedarf es Toleranz sich selbst gegenüber. Wenn man den Blick in das eigene innere Ungereimte wagt und aushält, dann fällt es schwer, sich als getrennt von den anderen, als besser oder schlechter als sie zu fühlen. Ebenso wie es auch schwer fällt gegenüber anderen, die an den Grenzen unserer Toleranz pochen, zu sagen: „Das geht mich nichts an. Da halte ich mich heraus.“

Was wir an anderen ablehnen oder verwerfen, spricht häufig Bände darüber, was wir in uns selbst verurteilen oder fürchten. Robert Bly ist einer der Autoren, die sich ausgiebig mit dem, was sie als unseren „Schatten“ bezeichnen, beschäftigt haben. Er beschreibt, dass wir alle unsere Lieblingsfeinde haben, die unseren Schatten verkörpern. Vor allem bei denjenigen Menschen, die uns nichts angetan haben, die uns aber dennoch unverhältnismäßig aufbringen und irritieren, kann man sicher sein, dass es sich um Schattenprojektionen handelt. Bly empfiehlt uns, diese mit negativen Gefühlen besetzte Person schriftlich zu charakterisieren mit dem Zusatz: „Das bin auch ich.“ Wann immer ich persönlich diese Übung praktiziere, bin ich verblüfft, welche bisher oft ungesehenen Züge meiner selbst auf diese Weise ans Licht kommen.

Toleranz gegenüber sich selbst hilft, loszulassen von Mythen über die eigene Hilflosigkeit oder Opfermentalität. Das bedeutet zunächst einmal anzuerkennen, wie komplex und widersprüchlich man in der Tat ist. Wenn wir uns das zu Eigen machen, was zu uns gehört, dann brauchen wir unbequeme Gefühle, Bedürfnisse und Wünsche nicht mehr bei anderen festmachen. Wir realisieren viel rascher, wenn wir andere idealisieren oder abwerten, dass die anderen Spiegelflächen sind, in denen wir uns selbst wieder erkennen und dass wir letztlich selbst gemeint sind. Wissen, wie man ist oder sein kann, sich verantwortlich fühlen für sich selbst und für das, was man tut, das ist die Grundlage, die uns hilft, das tolerieren zu können, was das Leben uns zuspielt – im Guten wie im Schlechten. Angesichts der Fehler, die wir selbst begehen, fällt die Verurteilung anderer schwerer. Wer da ohne Sünde ist, werfe den ersten Stein. Oft braucht es nur den Spiegel, um der eigenen Täterschaft ins Auge zu schauen. Als Faustregel kann man sagen, je weniger uns bewusst ist, was sich im eigenen Inneren abspielt, desto intoleranter sind wir zu anderen. Intolerante Menschen brauchen den Feind von außen, auf den sie ihre eigenen destruktiven Gefühle projizieren können. So können sie wenigstens die Illusion ihrer Selbstgerechtigkeit aufrechterhalten.

Kinder neigen schon früh dazu, die Schuld auf andere zu schieben, wenn sie etwas angestellt haben. Das ist verständlich, denn ihre Ich-Grenzen sind noch nicht gefestigt und ihre Schutzvorrichtungen noch nicht genügend eingeübt, so dass Angriffe unmittelbarer und zentraler treffen. Ein Dialog, den ich mitgehört habe: „Sei nicht so gemein zur Katze", sagt der eine Junge. „Wieso, du bist doch auch gemein", antwortet der andere. „Darum geht's nicht – es geht darum, dass du sehr gemein zu der Katze bist und genau weißt, dass die sich nicht wehren kann." Nicht nur Kinder reagieren so, auch Erwachsene haben es oft schwer, Verantwortung für ihr eigenes Verhalten zu übernehmen. Es braucht mehr als Klugheit, anderen gut zuzuhören und nicht jede kritische Bemerkung als Angriff zu werten. Selbstversöhnlichkeit, Flexibilität und Selbstverantwortung sind angesagt, will man etwas über sich selbst erfahren, statt mit Abwehr oder Anschuldigungen zu kontern.

Es mag Menschen geben, die von Natur aus toleranter sind als andere, aber für die meisten entwickelt sich Toleranz mit wachsender Lebenserfahrung. Diese Entwicklung geht einher mit dem Loslassen von Sehnsüchten, anders oder besonders sein zu wollen, und der Erkenntnis, dass wir einander viel mehr ähnlich sind als unähnlich, egal wie besonders, anders oder einsam wir uns auch fühlen. Wenn wir an Gründen festhalten, weshalb eine Person unsere Toleranz mehr verdient als eine andere, verschließen wir uns gegenüber einer Grundlektion, die uns die Toleranz lehrt: dass wir als Menschen alle Teil einer großen Familie sind. Vielleicht hilft dieser Gedanke, jene zu tolerieren, die uns fern stehen, genauso wie die, die uns nahe stehen.

Grosszügig sein

Großzügigkeit ist eine der schönsten Spielarten des Loslassens. Das Leben selbst ist auf Großzügigkeit angelegt, die uns entgegenkommt aus der Natur, der Musik, der Kunst, den warmen Gesichtern. Kaum jemand, der nicht erlebt hat, wie die eigene Großzügigkeit zum Schwingen kommt, wenn man von dieser Schönheit und Fülle berührt wird. Sie lässt Quellen in uns sprudeln, die uns manchmal selbst erstaunen: die Umarmung mitten im größten Streit, das wohlwollende Lachen angesichts der Schwäche des anderen, das Versöhnungsangebot trotz des erlittenen Unrechts, das unverhoffte Geschenk ohne Anlass, die neue Aufgabe, die ungeahnte Kräfte weckt.

Jeder Akt der Großzügigkeit – sei es das Schenken von Zeit, Interesse, Verständnis, Zuwendung, Loyalität, Solidarität – ist Ausdruck der Fähigkeit loszulassen. Und umgekehrt: Mit jeder verpassten Gelegenheit geht die Verbundenheit ein Stückchen mehr verloren. Man könnte sogar behaupten, dass man seelisch gesunde Menschen daran erkennt, ob sie fähig sind zu geben, ohne sich reduziert zu fühlen. Großzügigkeit ist der Ausdruck von Lebendigkeit und Fülle. Das Loslassen dessen, was wir meinen besitzen zu müssen, macht uns frei. Frei, um uns anderen zuzuwenden, ohne zu klammern, oder frei, um Zuwendung zu empfangen, ohne sie als Vereinnahmung zu empfinden.

Präsent sein, aufmerksam sein und einfühlsam sein für das,

was angesagt ist, das sind die Eigenschaften, die der Großzügigkeit den Weg bahnen. Hinzu kommt die Großzügigkeit, die sich in Dingen ausdrückt – herrliche, kleine oder größere Päckchen mit phantasievollen Verpackungen, ein Umschlag mit dem ersehnten Geld für eine Reise, das neue, heiß begehrte Fahrrad. Sie alle beglücken und können sogar selig machen. Aber sie ersetzen niemals das, was es bedeutet, einander Zeit und Aufmerksamkeit zu schenken, sich zu berühren, sich in die Arme zu nehmen, miteinander zu sprechen, zu denken und zu lieben. Im Zentrum der Großzügigkeit steht das Dasein für den anderen mit offenen Händen und offenem Herzen.

Steht das Geben am Anfang jeder großzügigen Geste, so bedarf es ebenso des Loslassens und des Weitergehens. Das Warten auf Belohnung, Bestätigung oder Dank kann jede noch so gut gemeinte Geste trüben. Das vergebliche Bemühen um Rückerstattung hält einen gefangen und überschattet das leichtfüßige Weitergehen. Ich gebe dir, damit du mir gibst – das ist die übliche Regel. Aber Geben, das die Gegengabe einkalkuliert, ist berechnend. Es fragt sich, ob das Geben mit der Erwartung auf Ausgleich überhaupt eine Form der Großzügigkeit darstellt. Am schönsten kann sie sich schließlich entfalten, wenn wir nicht erwarten, dass der andere mit gleicher Münze zurückzahlt. Wer etwas erwartet, der kann auch nicht mehr richtig überrascht werden. Nur wer offen ist, frei von Berechnendem, kann das erfahren, was man als Geschenk oder Gnade bezeichnet.

Großzügigkeit hat immer zwei Seiten: die Fähigkeit zu geben und zu empfangen. Wer nicht großzügig annehmen kann, hat nicht begriffen, dass beide Seiten einander bedingen und unterstützen. Nur geben und sich selbst dabei aufgeben kann eine ernst zu nehmende Sucht oder Falle sein, die verhindert, dass man seine Angst vor Einsamkeit oder Leere wahrnimmt.

Gerät das Wechselspiel zwischen Geben und Nehmen wirklich aus der Balance, dann wird es Zeit zu fragen: Wo bleibe ich? Wie kann ich mich nähren? Wie kann ich großzügig sein, ohne mich dabei zu verlieren?

Großzügige Menschen erkenne ich daran, dass sie immer etwas mehr geben als notwendig wäre. Die Mutter, die bei ihren Kindern immer eine Spur Wohltätigkeit hinterlässt – dieses kleine Extra, das daran erinnert, dass sie da war: der ausgeschnittene Zeitungsartikel, der Kuchen, den man als Kind so gern gemocht hat oder ein paar Frühlingsknollen für den Garten.

Großzügigkeit ist eine Gabe, die wie jede andere ungleich verteilt ist. Einige besitzen mehr davon als andere. Aber als Geste der Zuwendung ist sie lern- und trainierbar. Ganz einfach durch Imitation, Einfühlung in das, was der andere gerade braucht und den Willen, sich wenigstens hin und wieder hinten anzustellen und „in die Schuhe des anderen" zu schlüpfen. Phantasie gehört auch dazu. Sie ist vielleicht wichtiger als alles andere, denn wer es verlernt hat, sich in andere hineinzuversetzen, ist immer nur mit dem Eindruck auf andere beschäftigt und wird taub und blind für das, was sich um ihn herum abspielt.

Die Einstellung, mehr zu geben als nötig wäre, bildet den Kern großzügiger Lebenspraxis. Vielleicht ist einem oft nicht bewusst, dass man über diese schöne Gabe des „Extras" verfügt. Oft genügt es ja auch, wenn man dem, was man tut, eine eigene Note verleiht, das heißt, man hinterlässt seine eigene Handschrift – auf einem Zettel, im Arrangieren eines bunten Wiesenblumenstraußes oder in einem selbst gebackenen Brot – die verrät: „Ich habe auf meine eigene Art an dich gedacht." Dabei fällt mir ein Manuskript ein, das ich auslieh und in einem selbst gebastelten blauen Einband, mit Muscheln und

Steinen bestückt, wieder zurückbekam. So etwas wärmt das Herz, vor allem in Zeiten, in denen man sich langsam daran gewöhnt hat, dass es nicht selbstverständlich ist, Ausgeliehenes zurückzubekommen. Diese uralte Praxis des „Mehr" findet ihren Niederschlag schon in der biblischen Geschichte, als Jesus seine Jünger dazu anhielt, die Lasten der römischen Soldaten nicht nur eine Meile zu tragen, wie sie verpflichtet waren, sondern freiwillig gerade noch einmal so viel. Die „zweite Meile gehen" um des anderen willen ist ein Akt des freien Willens. Man denke an Alltagsbeispiele: Man wird um Hilfe beim Einräumen gefragt und bleibt so lange, bis der Umzug fertig ist. Man lädt jemanden zum Essen ein und bietet ihm zusätzlich eine Übernachtung und ein gemütliches Frühstück an. Man übernimmt nicht nur die Pflege der Blumen, sondern entstaubt auch noch die Wohnung, bevor der andere todmüde von einer Reise zurückkehrt. Solche und ähnliche Szenarien haben alle eines gemeinsam: Man setzt seine freie Entscheidung, mehr zu tun, in die Tat um. Man geht „die zusätzliche Meile", weil man es so und nicht anders gewählt hat. Vielleicht auch, weil man begriffen hat, dass die Qualität des eigenen Lebens, die Entscheidung, auf welche Seite man sich schlägt, in den eigenen Händen liegt.

Jeder Akt freiwilligen Gebens stärkt den Nährboden, der dem Loslassen den Weg ebnet. Es ist nicht nur eine Geste der Solidarität, sondern auch der befreiende Ausbruch aus dem eigenen Gefängnis der Einsamkeit. Hingabe macht das Leben erst lebenswert. Sie reinigt von der Selbstbezogenheit. Wir sind nicht mehr von uns selbst besessen und kultivieren ein Vertrauen darin, dass wir genug haben und dass wir, wenn wir geben, dort wo unser Geben gebraucht wird, nicht weniger haben werden.

ANDERE SEIN LASSEN

Beziehungen zu anderen halten uns am Leben. Ich gebe und werde durch das Gegebene wiederum beschenkt. Ich sehe und werde gesehen. Ich schenke Beachtung und werde erwärmt. Ich teile und werde bereichert. Andere Menschen so lassen können, wie sie sind, ist ein Zeichen von Selbstsicherheit, Toleranz und Großzügigkeit. Die Voraussetzung dafür ist Offenheit. Eine Offenheit, die bereit ist, andere in ihrer Fremdheit zu erleben, sie nicht zu beherrschen, zu bevormunden oder zu vereinnahmen. Dazu braucht es innere Weite und ein gehöriges Maß an Versöhnlichkeit.

Geblendet vom Schein eigener Projektionen ist man in der Tat gefährdet, den anderen zu verpassen, vor allem in engen Beziehungen. Gerade sie wecken unweigerlich die eigenen dunklen Dimensionen: die Sehnsucht nach absoluter Geborgenheit, die Panik vor Verschmelzung und Selbstaufgabe, die Projektion unerfüllter Bedürfnisse, die Desillusionierung von Idealbildern. Die Alltagsnähe stutzt den Glücksrausch auf ein Normalmaß zurück. Verletzende Abgrenzungen, enttäuschte Erwartungen und Auseinandersetzungen führen allmählich zur Erkenntnis der Grenzen in einem selbst und im anderen. Im günstigen Fall führt dieses Wissen zur Gelassenheit und zum Loslassen überzogener Forderungen. Man lernt, den anderen so zu lassen, wie er ist. Vielleicht dämmert es einem sogar, dass Partnerschaft neben Vertrautheit immer auch

Einsamkeit mit sich bringt. So lange man davon ausgeht, den anderen doch noch ändern oder nacherziehen zu können, handelt man sich unweigerlich Leid ein, denn der andere wird immer irgendwie unerklärlich und fremd bleiben. Gemeinsame Entwicklung relativiert Partnerträume und führt zur Erkenntnis, dass die Erlösung nicht von außen durch einen anderen Menschen eintreten kann. Im Aushalten dieser Einsicht geschieht aber das Paradoxe, ein Gewinn an innerem Freiraum, der die eigene Persönlichkeit erstarken lässt und eine innere Unabhängigkeit, die einen auf eine andere Art wieder zugehörig macht.

Loslassen in Beziehungen heißt: den anderen in seiner Andersartigkeit belassen und sich befreien von Besserwisserei, Erfolgserwartungen und Erziehungswünschen, die den anderen ohnehin nur sehr beschränkt erreichen. Es ist eine Überforderung, den anderen für die eigene Entwicklung verantwortlich zu machen, und es ist unrealistisch, einen Anspruch auf ungebrochenes Beziehungsglück zu erheben. Beides sind Beschwörungen eines quasi mythischen Beziehungsideals der allerlösenden, allheilenden und endlos perfektionierbaren Beziehung, das nicht nur vergeblich, sondern auch gründlicher Revision bedürftig ist. Das Wissen um die Grenzen wechselseitiger Erlösung macht nicht nur gelassener, es belebt auch die Beziehung, wenn man nicht gleich beim ersten Sturm das Schiff verlässt.

Es ist nicht schwierig, herauszufinden, ob man den anderen lassen kann in seinem So-und-nicht-anders-Sein. Man muss sich nur selbst beobachten, wenn er gänzlich anderer Meinung ist als man selbst. Wenn man darüber lächeln kann und nichts an Wärme und Selbstvertrauen verliert, dann kann man getrost sein. Man befindet sich auf gemeinsamen Terrain, wo man ohne Sorge miteinander sprechen, teilen, genießen und lachen kann.

Liebe, Freundschaft, Begegnung sind viel zu kostbar, als dass man sie leichtfertig aufs Spiel setzen sollte, wenn der andere sich nicht den eigenen Idealbildern angleichen lässt. Es gilt, Abstand zu nehmen vom Missionieren, vom Zwang, dem anderen Wahrheiten zu verabreichen, die er nicht zu verdauen vermag, vom Zwang, dem anderen den eigenen Geschmack aufzudrängen. Wenn ihr an Jazzmusik nichts liegt, dann kann man immer noch mit einem Freund zu einem Konzert gehen. Mag er kein Theater, dann ist der Kunstgenuss sicher zweifelhaft, wenn er einen Abend lang gute Miene zum ertrotzten Spiel macht. Es gibt Dinge, die „sich geben“ und andere, die „sich nicht geben“. Geschmack zum Beispiel.

Loslassen ist gesund

Wenn es etwas gibt, das die Stöße des Lebens effektiv abfangen kann, so ist es das Loslassen. Das beginnt schon mit der Atmung. Beim Atmen ist es absolut notwendig, loslassen zu können. Das Zwerchfell muss sich senken können und die inneren Organe nach vorn drücken. So entsteht im Körperinneren ein Hohlraum, in den die Atemluft einströmen kann. Beim Einatmen muss sich der Bauch heben, deswegen die Bezeichnung „Bauchatmung". Bewegt sich beim Atmen hingegen nur der Brustbereich oder die Schultergegend, so haben wir es mit einer ausgeprägten Hochatmung zu tun. Diese ist sehr anstrengend und führt zwangsläufig zu Verspannungen im ganzen Körper. Je weniger aktiv wir in den Atemrhythmus eingreifen, desto tiefer, ruhiger und entspannter ist die Atmung. Das Festhalten der Atmung ist im wahrsten Sinne lebensfeindlich und führt auf die Dauer zu chronischen Verspannungen und krankmachenden Haltungen. Jeder kennt das Gefühl, wenn die Schultern und der Nacken schmerzen, wenn sich Kopfweh einstellt und das Sehen schwerer fällt. All diese Symptome hängen mit Verkrampfungen der Muskeln zusammen. Eine effektive Entspannungsmöglichkeit ist die bewusste, starke Anspannung und nachfolgende Entspannung sämtlicher Muskelgruppen. Im Prinzip geht es dabei um nichts anderes als um ein gezieltes Festhalten und Loslassen. Den Effekt kann man sofort erreichen, wenn man beispielsweise zehn Sekunden lang die Fäuste ballt und anschließend wieder löst. Man spürt unmittelbar, wie gut es tut loszulassen.

Auch auf der seelischen Ebene ist es sinnvoll – neben der Fähigkeit, sich zu wehren –, Kränkungen, Verletzungen und Angriffe loslassen zu können. Ohne dieses Lassen-Können würden wir niedergedrückt und erstickt werden von negativen Gefühlen. Das Nachtragen, der Groll und das Ressentiment verpesten die innere Seelenlandschaft und erhalten die erlittenen Wunden am Leben. Unversöhnlichkeit wirkt wie Salz auf einer Wunde. Sie verstärkt den Schmerz, treibt ihn immer tiefer und lässt ihn immer von neuem ins Bewusstsein eindringen. Das Kratzen an der Wunde bindet nicht nur unnötig viel Energie, es schwächt auch das seelische Immunsystem und verdirbt das Seelenklima.

Befreiung kann nur erfolgen, wenn wir unsere Wunden in Frieden lassen, damit sie in aller Ruhe ausheilen können. Kontaktabbrüche, Trennungen, Scheidungen und tödliches Schweigen sind letztlich immer Resultat davon, dass wir den seelischen Müll nicht rechtzeitig und anhaltend entsorgt haben. Wer zuviel davon anhäuft, wird regelrecht verstopft und kann nicht mehr frei durchatmen, weil er das Fassungsvermögen an Ungelöstem überschreitet. Nachts werden imaginäre Dialoge geführt mit unerreichbaren Partnern, am Ferienstrand wird die ersehnte Erholung überschattet durch unerledigte Konflikte und selbst beim romantischen Essen im Freien werden plötzlich alte, offene Rechnungen zum Gesprächsstoff. Viele Ärzte und Heilpraktiker haben mittlerweile erkannt, dass die Zunahme von Verdauungsproblemen damit zusammenhängt, dass es den Betroffenen schwer fällt, seelische Inhalte loszulassen. Die Verstopfung dokumentiert leibhaftig, dass man Altes, Verdrängtes lieber weiter stauen will, als es herzugeben. Hinter dieser Problematik steckt vor allem die Angst, man würde hilf- und mittellos dastehen, wenn man etwas hergibt und loslässt. Diese Angst wird besonders in Psychotherapien augenfällig in der Schwierigkeit, verstopfte Patienten zum Öffnen ihrer seelischen Schleusen zu bewegen. Interessant ist, dass mit beginnender Normalisierung der Verdauungsfunktionen auch das Lösen von seelischen Blockaden leichter wird.

Wäre es nicht am besten, man würde einfach vergessen und verdrängen? Nun, so einfach ist das nicht machbar. Wie kann man loslassen von der erschütternden Entdeckung, dass der beste Freund die jahrzehntelange Beziehung verraten hat? Wie verkraftet man die niederschmetternde Erkenntnis, dass das geschenkte Vertrauen missbraucht wurde? Wie lebt man als Großmutter damit, dass das ersehnte Enkelkind sich abwendet? Oder der eigene Sohn nichts von sich hören lässt?

Das Schlüsselwort, gerade bei tiefen Wunden, deren Verursacher oft unerreichbar sind, heißt trotz aller Schwere: Loslassen. Das mag banal klingen oder womöglich feige. Wo bleibt die Gerechtigkeit? Die Idee des Loslassens mag missverständlich klingen, wenn damit fatalistisches oder apathisches Hinnehmen gemeint ist. Loslassen, das diesen Namen auch wirklich verdient, beginnt mit einer versöhnlichen Haltung sich selbst gegenüber. Ihr Ausgangspunkt ist die Selbsterforschung, die wissen möchte: Was ist mein Anteil? Wo konnte diese Erfahrung bei mir „andocken"? Solche Selbsterkundung stimmt nachdenklich und versöhnlich. Man ist nicht mehr das hilflose, unschuldige Opfer. Und kann auch den anderen nicht mehr verurteilen. Selbstversöhnung heißt nicht: vergessen, verdrängen oder Unrecht und Vergehen gutheißen. Es heißt vielmehr: sich selbst wirklich verstehen zu wollen, so wie man ist, statt wie man sein sollte.

Versöhnlichkeit muss nicht mit einem bestimmten Verhalten einhergehen. Beispielsweise muss man nicht mit dem Freund, der einen verraten hat, wieder ausgehen. Man kann sich auch entschließen, ihn nie wieder zu sehen. Eine versöhnliche Haltung ist zunächst etwas, das man für sich selbst tut, um erlittenes Leid positiv zu verarbeiten und daran zu wachsen, bis man schließlich den Punkt erreicht, an dem man sagen kann: „Es ist geschehen, aber es macht nicht meine ganze Person aus. Ich bin mehr – und das trifft auch für den anderen zu, der mich verletzt hat. Ich lasse mich nicht mehr einnehmen von altem Unrecht, stattdessen lasse ich los."

Selbstversöhnung bedeutet: die Selbstverachtung und die erlernte Hilflosigkeit aufzugeben, mit der es sich merkwürdigerweise oft so komfortabel leben lässt. Die Versöhnlichkeit gegenüber den Menschen, die uns verletzt haben, ist auf dem Nährboden der Versöhnlichkeit mit sich selbst nur eine natürliche Folge. Die Voraussetzung, andere zu lassen, beginnt immer mit der Gelassenheit gegenüber den eigenen dunklen Schatten. Wir können vielleicht sogar anerkennen, dass unsere so genannten „Täter" nicht nur Täter sind, genauso wie wir nicht nur Opfer sind. Dahinter steckt auch die Erkenntnis, dass wir den Ausgleich ohnehin niemals herbeiführen können und dass sich Frieden einstellt, wenn wir dieses Bestreben aufgeben. Wir können der Vergangenheit den ihr gemäßen Platz zuweisen, indem wir unsere Versöhnlichkeit freisetzen – gegenüber uns selbst und gegenüber den anderen –, den Schmerz loslassen und unbelastet von überflüssigem Gepäck unseren Weg fortsetzen. Das kann Zeit brauchen, manchmal ein Leben lang. Aber es lohnt sich, weil es einen frei und friedlich macht.

Loslassen – ein Leben lang

Wir haben die Wahl, ob wir ein Leben auf der Überholspur verbringen und uns antreiben, bis es irgendwann nicht mehr schneller geht, oder ob wir abbiegen auf eine ruhigere, langsamere Landstraße, die unseren Fahrkünsten zugute kommt und nicht nur unserer Fahrgeschwindigkeit. Vielleicht werden wir auf beiden Wegen das gleiche Ziel erreichen, aber die Route, die wir wählen, wird darüber bestimmen, wie sich unser Körper, unser Geist und unsere Seele schließlich anfühlen. Manchmal vergessen wir zu leicht, dass wir wählen können, ob wir „dranbleiben" möchten oder loslassen. Für manche mag das Dranbleiben und Durchhalten die einzig denkbare Lösung sein. Der Preis dafür kann hoch ausfallen, bedenkt man all die reizvollen Aussichten, neuen Landstriche und charmanten Szenen, die man dabei verpasst. Das Wechseln auf die langsamere Spur mit ihren Biegungen, Abzweigungen und Haltestellen, die uns immer wieder zum Nachgeben, Innehalten und Loslassen einladen, mag vielleicht dazu führen, dass wir unseren Weg hin und wieder verlieren oder Umwege machen. Aber wir lernen neue Landschaften kennen, vertiefen unser Wissen und das Verständnis unseres eigenen Lebens. Und wir erleben womöglich, dass unser Lebensfluss ein faszinierender, abenteuerlicher, überraschender sein kann, wenn wir uns darauf einlassen.

Loslassen kann nicht im Schnellverfahren erworben werden. Es braucht Zeit und Vertrauen darauf, dass uns unsere

Reise dorthin führen wird, wo wir Frieden und Versöhnlichkeit finden – an einen Ort, von dem wir alle in unserem Herzen träumen. Selbst wenn es vielen schwer fällt, den eingeschlagenen Weg – die Schnellstraße – zu verlassen, so verspüren sie doch ein ursprüngliches Bedürfnis nach Loslassen. Im Blau des Himmels, im satten Grün der Wiese, im Wohlgefühl des Rausches, in der Dunkelheit der Nacht, in den Sternstunden der Verliebtheit suchen wir es immer und immer wieder.

„Vergiss dein Selbst", riet der Schriftsteller Henry Miller, der das Leben in allen seinen Höhen und Tiefen ausgekostet hat. Aber ist das nicht paradox in einer Welt, in der man sich anstrengen, abrackern und abmühen soll, um dann das Selbst zu vergessen? Gerade von Künstlern und von Lebenskünstlern wird immer wieder beschrieben, wie sie ihre Sicht auf die Welt entwickeln mussten, um ihr Werk dann selbstvergessen wieder neu zu kreieren. Als würden sie dann Teil einer größeren Ordnung, was auch in den Begriffen Kreativität, Intuition, Einfall, Erleuchtung zum Ausdruck kommt. Beim Schaffen scheint „Es" die Hand zu führen oder zu diktieren. Worauf es beim schöpferischen Tun ankommt ist genau das, was wir erfahren, wenn wir imstande sind, loszulassen und nichts im Schilde zu führen außer dem einfachen Wunsch, wahrzunehmen, was in uns und um uns herum vorgeht. Achten Sie einmal bei einer einfachen Tätigkeit genau darauf, was Sie tun. Lassen Sie sämtliche Ablenkungen los. Vielleicht erleben Sie, wie viel mehr wir von der unerschöpflichen Vielfalt erfahren, mit der wir verknüpft und verbunden sind, wenn wir all das loslassen, was uns besetzt und in Atem hält.

Ich habe einige Schüler befragt, was ihnen zum Stichwort „Loslassen" einfällt. Interessant waren für mich die Parallelen zu Äußerungen, die wesentlich für eine produktive künstlerische Kreativität sind. Eine 17-Jährige: „Ich habe ein Bedürfnis nach Loslassen. Dann fliegen mir die Dinge zu." Eine andere: „Ich muss manchmal ganz formlos sein. Das macht mich wieder weich und flüssig, wenn ich ins Stocken geraten bin." Ein Junge: „Wenn ich einen Konflikt oder ein Problem habe und nicht mehr weiter weiß, dann lasse ich einfach los und haue ab oder ‚relaxe'. Dann geschieht immer irgend etwas."

Voll damit beschäftigt, unser Leben vorauszuplanen, verläuft unser Alltag viel zu oft nach der „Hammer-Devise": „Wer nur einen Hammer hat, für den sieht die ganze Welt wie ein Nagel aus!" Das Vermögen, sich einfach auf Menschen einzulassen, auf Situationen, Ereignisse und auf Unvorhersehbares, Überraschendes, Verblüffendes, bleibt dabei unterentwickelt. Vielleicht bahnt sich eine Wende an, wenn wir uns mehr darauf einlassen, was mit uns passiert, darauf, wie wir es erleben, und auf das, was uns neue Erfahrungen bescheren will: lernen loszulassen, sich auf Menschen und Dinge einzulassen, unvoreingenommen zuzuhören, anzunehmen, was einem gegen den Strich geht – und schließlich Abschied zu nehmen, wenn die Zeit reif ist. Vielleicht entdecken wir so am Ende unseres Lebens, dass die einzigen Dinge, die wir verloren haben, diejenigen waren, die wir festzuhalten versuchten.

Abschied nehmen

Abschied nehmen ist eine Kunst. Unser ganzes Leben üben wir uns darin, und dennoch bleibt es für die meisten eine schwierige Übung des Loslassens. So schwierig, dass uns manche Abschiede unauslöschlich in Erinnerung bleiben, wie beispielsweise das Ende der ersten großen Liebe oder der Abschied von einem langjährigen Freund. Natürlich gibt es auch Abschiede, die wir wider alles Erwarten restlos vergessen. Man denke nur an jene aufregenden Urlaubsbekanntschaften mit ihren Abschiedsritualen – Abschied, langes Winken, tiefes Seufzen –, die im Handumdrehen vergessen werden, weil man realisiert, dass im Alltag nicht zusammenpasst, was der Urlaub so leicht zusammengeführt hat. Es gibt auch willkommene Abschiede, jene unvergesslichen Momente der Trennung von etwas, das wir schon lange loswerden wollten. Erfahrungsgemäß werden sie nicht von Tränen und Trauer, sondern von befreitem Aufatmen und einem Gefühl der Erlösung begleitet. „Ich habe mich endlich von meinen ‚Chats' im Internet verabschiedet. Ich habe alle Spuren gelöscht. Ein neuer Anfang ist dran. Ich möchte mich mal wieder mit Leuten unterhalten, alte Freunde aufsuchen, und vielleicht führe ich den Hund wieder aus, damit ich einen Grund habe, spazieren zu gehen", meinte eine Studentin, die täglich mehrere Stunden vor dem Computer saß.

Über Abschied nachzudenken macht unweigerlich selbstreflektiert: Was hat das Thema mit meiner Lebenssituation zu tun? Welcher Abschied steht mir bevor? Wovon möchte ich mich verabschieden? Wann ist der rechte Zeitpunkt für das Abschiednehmen gekommen? Es geht also um die Schlüsse, um das Loslassen, Verarbeiten und Wieder-Anfangen durch gelingende Abschiede. Kaum eine Form des gewöhnlichen Aufhörens, Scheiterns, Versagens findet einen solch tiefen Widerhall in uns wie der Abschied. Ihm haftet etwas Endgültiges an, das an Tod erinnert. Man könnte sogar sagen, jeder Abschied ist ein kleiner Tod. Dieses Wissen führt uns unmittelbar an den Ursprung existenzieller Angst. Sie greift so tief, dass viele diesen Schmerz abwehren. Es gibt Menschen, die nach einem Ende nichts Neues mehr anfangen können, die stecken bleiben oder am Leben und an sich selbst verzweifeln, weil sie beispielsweise den Abschied von ihrer Arbeit nicht verkraften. Noch häufiger begegnen mir Menschen, die nicht dazu fähig sind, sich von einem Partner zu verabschieden, obwohl die Beziehung nicht mehr tragfähig oder lebendig ist. Man verhindert das Wieder-anfangen-Können und die Verarbeitung von Erfahrungen, indem man sich gegenseitig nicht loslässt. Man wehrt den Abschiedsschmerz ab und sagt: „Wir wollen Freunde bleiben“, „Ich komme, wann immer du mich brauchst.“ Das nennt man Trennung „im Guten“, und das soll den Abschiedsschmerz leichter machen. Oft ist es aber die Vorstufe zu kriegerischen Auseinandersetzungen, in denen dann einer dem anderen die Zähne zeigt und die Seele zerfetzt. Der mittelmäßige Traum vom einversöhnlichen Ende ist trügerisch. Manchmal wissen wir einfach instinktiv, dass es besser und sinnvoller wäre, man würde – nach Hermann Hesse – Abschied nehmen und gesunden. Trennung bedeutet nämlich auch, dass beide die Chance eines neuen Anfangs haben. Wo sich in einer Partnerschaft zu viel Chaos, zu viele „Leichen im

Keller“ und zu viel Unaufgeräumtes angehäuft haben, bleibt manchmal nichts anderes als seine Zelte abzubrechen und sich auf den Weg zu machen. Nur ist das keine leichte Sache, denn wenn aktiv verabschiedet werden soll, dann zeigt sich, dass man den Abschied nur geben kann, wenn auf der anderen Seite auch Abschied genommen wird. Und das schmerzt, weil Abschiede immer auch als Verlust empfunden werden, besonders wenn man sich durch einen abrupten Abbruch oder Verletzung am Ende im Abseits fühlt. Trauer, Verzicht, Rebellion und Bitterkeit leiten zunächst die Umstellung ein. Aber im tiefsten Schmerz, wenn man mitten durch ihn durchgeht und ihm nicht mit tausend künstlichen Aktivitäten ausweicht, warten oft die atemberaubendsten Begegnungen. „Ich versuche nicht mehr im mindesten dem Abschied auszuweichen – selbst wenn mir der Sinn dessen entgeht, was ich gerade durchlebe, so leuchtet er mir doch immer irgendwann später ein“, so die Beschreibung einer Kollegin, die ein Vertrauen an den Tag legt, das durch keine Vernunft zu erschüttern ist.

Im Alltag ist, von den großen Liebesdramen und den vielen flüchtigen Abschiedsgrüßen einmal abgesehen, das Abschiednehmen ein wichtiges allabendliches Kinderthema. Jeden Abend treten Kinder eine kleine Reise in die Nacht an, die sie allein bewältigen müssen. Tagsüber sind sie gewohnt an Aufsicht und Kontrolle und abends sollen sie sich nun einem Zustand anvertrauen, den kein Erwachsener mit ihnen teilen kann. Das abendliche Einschlafen weckt Ängste und braucht daher einen schützenden Beistand von Seiten der Eltern. Oft schieben Kinder diesen Moment des abendlichen Abschiednehmens hinaus, weil in ihm Erfüllung, Nähe und Abschied so unmittelbar ineinander übergehen. Und das tut weh. Es ist ein besonderer Schmerz, der seinen Grund letztlich in der erlebten Erfüllung hat. Im Abschiednehmen denkt man zurück an

Erfüllung, Geborgenheit oder Glück, und der Schmerz bewahrt diese Erinnerung. Werden Abschiede nicht ausgelebt durch Tränen und Trauer, so bleibt der Schmerz zurück und verstellt den Zugang zu neuem Leben. Das Trauern ist daher eine notwendige und wesentliche Voraussetzung für einen konstruktiven Umgang mit Abschieden. Wer traurig sein darf, kann auch wieder heiter sein. So kann der, der geht, oder der, der schweren Herzens zurückbleibt, letztlich dankbar sein für das, was man zusammen erleben durfte. Wenn es gelingt, sich das Verlorene anzueignen, das heißt, wenn man bereit ist, den Menschen, den man verabschiedet, im Herzen und im Gedächtnis zu behalten, dann geht man wahrhaft bereichert in ein neues Leben. „Du hast einen Freund gewonnen." So verabschiedeten sich ein Mann und eine Frau. Für sie wurde dieser Satz zu einem ihrer kostbarsten Geschenke, der den Abschied in ein wunderbar gelassenes „Danke" verwandelte.

Literatur

Altemöller, E.–M., Seelenruhe. Über die Kunst und das Vergnügen ganz einfach zu leben, München 2001

Bastian, T., Lebenskünstler leben länger. Gesundheit durch Eigensinn, Reinbek 2000

Bauby, J. D., Schmetterling und Taucherglocke, München 1998

Beaver, D., Easy being. Making life as simple and as much fun as possible, Cirencester 1997

Borysenko, J., Inner peace for busy people. 52 simple strategies for transforming your life, Carlsbad 2001

Boss, P., Leben mit ungelöstem Leid. Ein psychologischer Ratgeber, München 1999

Bosso, B., Die Kunst des Loslassens, Krummwisch 2001

Carrington, P., The power of letting go. A practical approach to releasing the pressures in your life, Shaftesbury 1999

Dowrick, S., Forgiveness and other acts of love, London 1997

Finley, G., The secret of letting go, St. Paul 1990

Geißler, K. A., „Ich muss jetzt Schluss machen." Über das Abschiednehmen in der Alltagskultur, in: Universitas, Zeitschrift für interdisziplinäre Wissenschaft 49. Jg. 12/1994

Hyams, J., Der Weg der leeren Hand. Zen in den Kampfkünsten, München 1991

Kundtz, D., Stopping. How to keep still when you have to keep going, Newleaf 1998

Kushner, H. S., How good do we have to be? A new understanding of guilt and forgiveness, Boston 1996

Osten, H. v. d., Über die Welt und über Gott. Zeitgemäße Antworten auf 11 Grundfragen des Lebens, Bielefeld 1993

Prather, H., Loslassen und glücklich sein. Der Weg zu einem entspannten Leben, München 2001

Roth, G., Leben ist Bewegung, München 1997

Seamands, D. A., Versöhnung, die trägt. Vergangenes loslassen und freiwerden zum Leben, Marburg 1996

Stüttgen, A., Lass los damit du leben kannst, München 1999

Wittwer, S., Glücklichsein kann man lernen, Lüneburg 1996

Schmidbauer, W., Altern ohne Angst. Ein psychologischer Begleiter, Reinbek 2001

Tarr Krüger, I., Vom leichten Glück der einfachen Dinge, Freiburg 1998

Tarr Krüger, I., Das Leben meint es gut mit dir, Freiburg 1999

Viorst, J., Mut zur Trennung. Menschliche Verluste, die das Leben sinnvoll machen, Hamburg 1989

Anregungen zur Lebenslust

Irmtraud Tarr Krüger
Das Leben meint es gut mit dir
Anregungen zur Lebenslust
Band 4786
Tipps für Körper und Seele, die gut tun und neue Energien freisetzen.

Irmtraud Tarr Krüger
Die magische Kraft der Beachtung
Sehen und gesehen werden
224 Seiten, geb. mit Schutzumschlag
ISBN 3-451-27548-1
Viele Beispiele beleuchten, wie Beachtung wirkt – damit man sich selbst auf der Bühne des Lebens wohlfühlt und sich sicher bewegt.

Irmtraud Tarr
Fest wie ein Stein
oder sich selbst treu sein
Band 5185
In einer immer wandlungsfähigeren Welt vermittelt der Stein als Symbol Beständigkeit und ermutigt zu authentischem Leben.

Irmtraud Tarr Krüger
Schutzengel
Boten aus dem Raum der Seele
Band 5140
Die bekannte Psychologin zeigt, wie viel kreatives Potential in diesem Erfahrungsbereich der Seele steckt.

Irmtraud Tarr Krüger
Vom leichten Glück der einfachen Dinge
Kleine Freuden – große Wirkung
Band 4911
Innehalten, zu sich selber kommen, genießen, der Seele Luft und Atem geben: Sich inspirieren lassen, die Kunst des Lebens selber zu probieren.

Zum Wohlfühlen

Angelika Faas
Ballast abwerfen!
Downshifting – damit das Leben leichter wird
Band 5212

Müssen wir wirklich alles tun, was wir tun? Ein Buch für alle, die unter Zeitknappheit leiden und den Versprechungen des Zeit-Managements nicht mehr glauben.

Johannes Galli
Entdecke den Clown in dir
Heitere Gelassenheit finden
Band 5058

In seiner Hingabe ans Spiel nimmt der Clown den Missgeschicken des Lebens die Härte. Wer ihm zuschaut, sieht sich selbst – und findet zu heiterer Gelassenheit.

Tania Konnerth
Montag ist erst übermorgen
Wohlfühltipps fürs Wochenende
Band 5107

Wochenende: Zeit, in der wir es uns gut gehen lassen können. Tipps für gesunde Ernährung, richtiges Atmen und viele Verwöhn-Ideen.

Klaus W. Schneider
Stell dir vor, es geht
Wer positiv denkt, hat mehr vom Leben
Band 5234

Mit unserem Denken machen wir uns das Leben oft unnötig schwer. Durch gezielte Übungen lassen sich positives Denken, Zuversicht und Selbstvertrauen erreichen.

Eva Simon
Was mir gut tut, wenn's mir schlecht geht
Band 4841

Erfrischende und aufmunternde Geheimrezepte gegen schlechte Laune.

Gesünder leben

Friedrich P. Graf
Ganzheitliches Wohlbefinden – Homöopathie für Frauen
Ein Begleitbuch für die wichtigsten Lebensphasen
Band 4856
Hier finden Frauen praktische und verlässliche Informationen, um akuten Problemen wirksam zu begegnen und Selbstheilungskräfte zu mobilisieren.

Christian Kuhn
Heilfasten
Die heilsame Erfahrung für Körper und Seele –
Fasten nach der Buchinger-Methode
Band 5375
Heilfasten betrifft den ganzen Menschen: Der leitende Arzt der Klinik Buchinger in Überlingen begleitet alle, die sich auf diese innere Reise einlassen wollen.

Heribert Möllinger
Homöopathie – Die große Kraft der kleinen Kugeln
Ein praktischer Leitfaden für Patienten
Band 4982
Mit diesem Leitfaden in der Hand kann man sich bestens auf eine homöopathische Behandlung vorbereiten.

Heribert Möllinger
Homöopathische Sprechstunde
Der bessere Weg zur Gesundheit
Band 4696
Das praktische Selbsthilfe-Handbuch.

Geneen Roth
Gönn dir, was dir gut tut
50 Tipps, sich alle Diäten zu ersparen
Band 4730
Viele Wohlfühltipps für Körper und Seele: ein Begleitbuch für die Durststrecken des Lebens.

HERDER spektrum

Leben ist mehr

Gerd B. Achenbach
Das kleine Buch der inneren Ruhe
Band 4972
Eine Auswahl inspirierender, tiefgründiger Texte aus der reichen Tradition philosophischer Lebenspraxis zeigt, dass es möglich ist, innezuhalten und sein inneres Gleichgewicht zu bewahren.

Gerd B. Achenbach
Lebenskönnerschaft
Band 5123
Wie führe ich mein Leben, damit es sinnvoll und lebenswert ist? Worauf es ankommt, sind die existenziellen Herausforderungen und das Wissen, was wirklich wichtig ist. Dem Könner des Lebens wird der „Lebenslauf" zum „Lebensweg".

Erich Fromm
Authentisch leben
Hg. von Rainer Funk
Band 4839
Wissen, was die eigene Person ausmacht, sich nicht von außen leiten lassen, sondern das Leben bewusst aus eigenen Quellen gestalten.

Erich Fromm
Die Kunst des Lebens
Zwischen Haben und Sein
Band 4917
Ein lebenspraktisches Buch über die Kunst, tiefer zu leben.

Rudolf Walter (Hg.)
Gelassenwerden
Band 5078
Die innere Gelassenheit wächst, wenn man ihr Raum gibt, wenn es gelingt, loszulassen, Vertrauen zu gewinnen, das Ganze zu sehen.